非『礼』春秋

吴工平 著

吉林人民出版社

图书在版编目(CIP)数据

非“礼”春秋 / 吴工平 著
长春:吉林人民出版社, 2013.12
ISBN 978-7-206-10169-4

Ⅰ. ①非…
Ⅱ. ①吴…
Ⅲ. ①文化史—中国—春秋时代—文集
Ⅳ. ①K225.03-53

中国版本图书馆CIP数据核字(2013)第294018号

非“礼”春秋

著　　者：吴工平
责任编辑：吴兰萍　高铁军　　　封面设计：门乃婷工作室 Tel:010-64822426
吉林人民出版社出版发行(长春市人民大街7548号　邮政编码：130022)
印　　刷：北京天正元印务有限公司
开　　本：880mm×1230mm　1/32
印　　张：8.75　　　　字　　数：180千字
标准书号：ISBN 978-7-206-10169-4
版　　次：2014 年 9 月第 1 版　　印　　次：2014 年 9 月第 1 次印刷
定　　价：28.00元

目　录

周幽王
最后的悔恨

当初，周幽王无论如何也想不到至高无上的、强大的一国之君会死于乱兵之下。周宣王把王位传给他时，周朝是何等强大？“旅力方刚，经营四方”，“普天之下，莫非王土；率土之滨，莫非王臣”，四海之内没有对手，各路诸侯俯首听命，一丁点儿的威胁都找不到，社会是一片歌舞升平、欣欣向荣的大好局面。然而，却因掌握着最高权力而过分自信，最终惨败出局，他不是第一个，也远不是最后一个。到临死时，才对向他多次进谏的大夫郑伯友哀叹“不听叔父之言，以至于此”又有何用？其实，真正可悲的是他到死也不明白，国家灭亡的真正原因在哪。

周幽王的性格品德根本不适合做国家领导人，《东周列国志》上说他“为人暴戾寡恩，动静无常”，上任后就“耽于声色，不理朝政”。这样的领导自然让谗谄阿谀之辈、贪位慕禄

之人有了广阔的生存空间。但在那样的家族体制下，领导人必须是他。他只要不是一个傻瓜，甚至只要不是一头猪，就顺理成章地能领导国家。当然，这也注定了悲剧的产生。古人说天意，也没有什么好奇怪的，因为人人都能看得出最后结局来。但是，因为体制问题，没有人能提意见，谁提谁有麻烦、谁有危险。叔带要提，他说：“天子不恤国政，任用佞臣，我职居言路，必尽臣节以谏之。”伯阳父就接着说：“但恐言而无益。”果然，叔带还没劝说周幽王几句就被免去一切职务，打回到老家，估计连退休金也没有了。

可见，一种错误的政治体制是多么可怕，可以说是害人害己，祸国殃民。一个人一句话，几个人一商量，便可以确定国家的第一领导人。而之后，又没有人能对他说“不”。万众人民，只有听天由命的份儿。极端的制度，就为极端不幸事件的发生埋下了伏笔。

周幽王沉溺于女色，迷恋褒姒，责任不能全归咎于他，更不在褒姒身上。他爹周宣王能没有责任？周宣王在位多年，后来已经相当昏庸，后宫事也不少，只不过他的正宫能压得住，所以表面才显得风平浪静。想一想，靠能压得住来解决问题能够保持长期稳定局面吗？有这样的爹在前，儿子不过是做得更过分一点点。那褒姒“目秀眉清，唇红齿白，发挽乌云，指排削玉，有如花如月之容，倾城倾国之貌”。在这样的人面前如果周幽王还能保持淡定，那就太不正常了。况且，在王宫里长大，四体不勤，五谷不分，爱江山更爱美人实属自然。不过让褒姒这样道德修养不佳的美女来干涉国政，是周幽王的问题。但归根结底，还是因为他本身不适合当领导人，他已过惯了皇

周幽王最后的悔恨

家大院的奢华生活，就是一个花花公子，他爹非让他干，不是害他又是干嘛？说来说去，还是错误的政治体制惹的祸。决定国家领导人这种等大事，在这里表面看似十分认真，相当严肃，实则非常简单，极端荒谬。大多决策者的根本动机只是为了一己之利，为了那些诸侯大夫之类的亲朋好友等少数人能站稳位置，继续捞好处，根本没有想过黎民百姓。呜呼！大厦根基就没有建正，怎么会不倾覆？

周幽王是老大，王朝是他家的。所以法律法规他可以自由调整，他可以不接受监督。法律法规可能只对他的手下和老百姓起作用。为了博得妃子一笑，他可以下令点烽火台。当郑伯友劝他注意失去信用的危险时，看他多么自信："今天下太平，何事征兵！"他眼里的烽火台现在就只是玩具了。他可以自由监管他的属下，随意处理他的手下，而没有人能监督他。别人最多只能够像哈巴狗一样给他提提建议，他爱听就听，不爱听就不听。他过的好自在，好威风，好体面！有一句广告说得好：不要太潇洒。终于，他的厄运到了："申侯怒，与缯、西夷犬戎攻幽王。幽王举烽火征兵，兵莫至。遂杀幽王骊山下，虏褒姒，尽取周赂而去"。[1]

这样的周幽王能在位撑十多年，说明中原之国民已经够好的了。要是在西戎，人们也许早就把他给拿下了。怪不得西戎那么瞧不起周王的那些诸侯亲戚。

2012-09-16 21:35

注释

(1)《史记·周本纪》

郑庄公掘地见母

中国人要面子、讲形式不是一天两天了，所以要改起来不是一件容易的事。要追根求源，讲面子的陋习应该归咎于过于复杂不切实际的“礼”。

古代的礼节在周朝时发展到了顶峰，那时候人们已经不堪忍受。周礼繁琐到了什么程度？比如切瓜，就有这样精准的要求：为周王切瓜，要先横切，切成四瓣，接着再切，然后用细葛布盖上；为诸侯国君切瓜，要用刀顺长切，切成四瓣，然后用粗葛布盖上；为大夫切瓜，切两瓣不能盖它（苍蝇先尝了活该倒霉）；为士切瓜，只能横切一刀（如嫌块头大，自己想办法）。“礼不下庶人”，所以庶人就不能享受用刀切瓜的礼节，如果有机会吃到瓜，那就用嘴啃吧。这样繁杂的周礼在很多时候是为了显示等级，而等级意味着什么？意味着上等人的尊严，上等人的面子。当礼节只能显示面子而不能代表实力时，它就该被扔掉、被废除了。

郑庄公家的郑国，实力已经超越了当时的周桓王，所以郑庄公就不再信那一套庸俗不堪的鸟礼，开始向周王室叫板。他敢于抢收王室的庄稼，“四月，郑祭足帅师取温之麦。秋，又取成周之禾”[1]。抢一次不要紧，还连续抢上了。周桓公大怒，率兵讨伐他。他坦然应战，打响了春秋伐王第一枪。他的部下则有过之而无不及，一箭就射在了桓王肩上。据记载，这可是周桓王唯一的一次挨箭，而且这一箭是应该尊崇自己的下级射的。周王室由此颜面大跌。不过郑庄公这时发现行为有点过激了，这不仅会影响到各路诸侯的感情，还直接影响到自己今后的管理，也许在强大的周礼面前多少还有点心虚。于是忙向周王谢罪，给周王留下最后一点薄面。郑庄公对于周礼的挑战和反叛，其实是有选择的，对自己不利的，他要废掉，而对于自己有用的，他贯彻得相当彻底。掘地见母就是一种纯粹的形式主义的把戏。

相传郑庄公是倒着生出来的，也有人说是他母亲姜氏正睡觉时生下了他。反正姜氏很不喜欢他，给他起名叫“寤生”。另外，他长得可能不够高帅。而同时他有一个一表人才、武艺高强的弟弟叔段，所以姜氏非常偏爱叔段。为了让叔段能够接班，姜氏没少在郑武公面前吹枕边风，无奈郑武公不愿改规矩，铁定让老大接班。姜氏心中自是不满，但一个女人，又能奈何？

这个强势的女人没有罢休。郑武公死后她在儿子面前就有了威力。姜氏强烈要求已经接管国家的郑庄公把国家分给叔段

郑庄公掘地见母

一半。郑庄公无奈把京地交给了弟弟统治。弟弟在老妈的怂恿下大肆构筑城池，发展势力，眼看郑国就要出现两人共管的局面。但这并不是姜氏的目标，她的计划是把郑庄公赶下台。

看来郑庄公也不是个省油的灯，他知道他亲妈要做什么。但他并不慌，因为他在仔细地观察着他们的行动。祭仲告诫他要小心，他胸有成竹地说：“多行不义必自毙”。后来，他设下圈套轻松挫败了她们母子的阴谋，杀了弟弟，还假惺惺大哭一场，又得到了道义上的支持。至于姜氏，偷鸡不成蚀把米，把爱子的命搭进去后心里净了，自己则被郑庄公发落到颍地独处。郑庄公对她恨之入骨，还发下誓言：“不及黄泉，无相见也”。

周礼非常讲究孝敬老人，所以舆论的压力还是比较大的。有人私下对他说：“母虽不母，子不可以不子”。当郑庄公渐渐难以承压时，有位“聪明人”颍考叔想出了万全之计。颍考叔殷勤献策说：“君何患焉？若阙地及泉，隧而相见，其谁曰不然？”[2]郑庄公心想，林子大了真是什么鸟都有，不过这个办法还不错，于是马上命人做起了史上第一个地下工程——挖了隧道、地下室，开凿出了泉水。然后让姜氏先住到地下室。

郑庄公沐浴更衣、斋戒祭祀完毕，在大夫卿士的簇拥下，在妻妾奴仆的陪伴中，身着盛装，带着浩浩荡荡的豪华车队来到这里。一番冠冕堂皇的仪式表演之后，母子二人得以在真正的黄泉下相见了。郑庄公按礼仪发表了赋诗讲话：“大隧之中，其乐也融融。”[3]姜氏也忙以诗迎合。这时候，人们感慨的不该是他们的相见，而是搞不清什么是脸面，什么不是脸面了。谁不知道郑庄公说的黄泉是人死亡后的“阴间”呢。如果要是真要脸面，郑庄公就该坚守诺言，等到阴间再见。当然在这种情况下，放弃诺言也不会丢脸面。因为即便是真正的君子也做不到、也不必坚守这个诺言。比如这一次，第一，他是国君，第二，他们是母子。他在这事上悔言，其谁曰不然？但面子真的很重要。为了显得他一言九鼎，人们就一起做假。大家都明知他们做的是假，还要认认真真地做，做得心甘情愿、心安理得，做得风风光光，体体面面。

人总是会做错事、说错话的，国君也一样。国君承认了错误又有谁敢批评？大家奉承都还来不及呢，何必要走这劳民伤财的过场？的确，面子能给人带来所谓尊严、权力的满足感。但实际上，面子的作用也仅限于此。认定国君不会有错误，说出的话都是金口玉言，这也是讲形式的一个重要原因。但形式讲得多了就会让人迷失方向，给人带来灾难。因为当一个人戴上虚假的面具时，他的真脸面就已经不见了。当看不见真面目时，还不危险吗？

注释

⑴《左传·隐公三年》

⑵⑶《左传·隐公元年》

倒霉糊涂的国君息侯

春秋有很多很多倒霉又糊涂的国君，息国的末代国君或许可以算是最倒霉、最糊涂的一个了。

西周时期，在今天的河南省东南部地区有这么三个比较大一点的诸侯国。一个是都城在今天河南上蔡的蔡国；一个是都城在今天河南淮阳的陈国；一个是都城在今天河南息县的息国。这三个国家中，蔡国实力最强，息国最弱小。它们都是周武王分封的国家，都是周王的亲戚、部下。其中，蔡国是周武王弟叔度后裔，息国始祖羽达为周文王第37子，陈国的建国君主曾担任周文王的陶正一职。在婚姻上，蔡、息两国都是姬姓，按周朝的规矩相互之间不能通婚。而陈国属于妫姓，可以和它们两国娶来嫁往。

三个国家的关系曾经非常亲密，一直保持友好往来。到了春秋时期，它们在这里已经平静的享受了几百年的统治生活，

倒霉糊涂的国君息侯

按道理也该有点变化了。这一年，陈国国君的两个漂亮公主已经到了应当出嫁的二八年华，其中小的更是绝色美人。经人做媒，大女儿嫁给了蔡国国君蔡哀侯，小女儿嫁给了息国国君息侯。嫁给息侯的小女儿后来就被人叫作息妫。

一天，息妫回娘家陈国去，顺道拐到了蔡国去看姐姐。人家转角遇到爱，哪想到，她这一拐弯却遇到一个色狼。国君姐夫蔡哀侯盛情招待了远道而来的息妫。但是，小姨子的美色却勾住了他的魂。几杯酒下肚之后，他就开始调戏息妫。息妫非常恼怒，回到家就把这事情告诉了息侯。息侯听了马上就怒火中烧，决心报复。这一家人报复那个色狼手段不一般，下手够狠，自己没有力量打败蔡国，就想到了让南方强大的楚国帮忙。

息侯让人带着厚礼去参拜当时的楚国国君楚文王。楚文王正在向中原各国窥探，伺机向北方发展，息国这时求他，简直是想睡觉时有人给个枕头。所以楚文王很爽快地答应了。于是，双方设下相当阴险的计谋，让楚国假装进攻息国，然后息国再求蔡国帮忙解围。蔡哀侯以为事情都已经过去了，无论如何也想不到息侯会用这样的阴谋报复他，于是就带兵赶到息国去救火。等到蔡哀侯兴冲冲地带兵来的时候，早已埋伏在那里的楚国军队乘其不备，兵不血刃就俘虏了他。

息侯以为仇已经报了，恨已经解了，就可以万事大吉了，但事情没那么简单。楚文王并没有杀蔡哀侯，而是装出宽宏大量的气度，让蔡哀侯回了家。蔡哀侯觉得事情这样窝囊，哪肯罢休？他发现楚文王也是好色之徒，就趁机挑拨楚文王说：

“我得罪息侯，是因为他的夫人太美了，她可是天下绝色美人。不信你去看看。”楚文王是什么货色？远比蔡哀侯好色。蔡哀侯的话让他垂涎三尺。他的国家更强大，他更有发言权。色诱的魔力让楚文王来不及等待，马上带兵赶到息国，这次是为了抢女人。引狼入室，息侯毫无招架之力，息妫则自杀不成，被楚国的部下安全掳走。可怜息侯赔了夫人又亡国。楚文王抢了女人还不罢休，又顺带把息国灭掉了，只留给息侯十来户人家养活他，让他守着仅存的社稷郁郁而终。在当时，诸侯国之间还有一点点仁慈，就是灭国不灭祀。大国把小国灭掉后往往还给他的国君保留祭祀，也就是现在说的让他能延续自家的香火。历史就这样有趣，楚国向北拓展的美梦在北方诸侯的乞求下，就这样轻而易举地实现了。

被抢走的美人息妫果然受到了楚文王的宠幸，成了楚文王的“桃花夫人”。这个不幸的女人也没有放过蔡哀侯。她的枕边风一吹，楚文王就又带兵打到了蔡国，再次俘虏了蔡哀侯，把他永久囚禁在了楚国。

这件事让人耻笑了两千多年。两个愚蠢而贪婪的国君，一个好色失国，一个引狼入室；两个又都想轻易利用别人的力量实现自己的愿望。没想到，他们所求助的人比他们更卑鄙、更贪婪。活生生的事实告诉后人：求人不如求己！

这其中，息国国君又算是最倒霉、最糊涂的。他的不幸结局更多的是由于他太自大、太自负。那个时期，谁只要做了一国国君，就铁定是老天爷老大他老二了，除了周王就是自己。周王室衰微，已经名存实亡，那样，自己就是名副其实的最高权力掌握者。没有谁能够监督，没有什么有效制约，自己可以为所欲为。在这样的环境下享受生活，自然受不了半点委屈。所以一听自己的夫人被调戏，息国国君就头脑发热、心里抓狂，认为只有拿下蔡哀侯才能解心头之恨。但是不想自己的实际能力，只图一时之快，陷进泥潭又何尝不是必然的结局。

不受约束和监督的国君一个比一个好强自大，一个比一个短视放纵，春秋社会才显得那么混乱。

2012-10-15 16:14

桓公丢冠，管仲济贫

齐桓公是个有名的酒鬼，他的许多绯闻故事都与酒有关。经常喝到“日夜相继、不醉不休”，喝到癫狂时，就打猎、猎艳。这恐怕不是一般人能达到的境界。当然，因为他自己不驾车，上班不签到，泡妞无人管，拥有无人能比的特权。但管理国家这样一个大摊子让管仲一个人负总责，他当甩手掌柜总不太合适。尽管廉洁自律办、纠正不正之风办不会有谁敢到他去的地方查作风、找问题，但他敢做，别人也就敢跟着学习，而且学习的力度还会逐渐加大到“上有所好，下必甚焉”。[1]这样的话，国家就危险了。

管仲看在眼里急在心里，不敢太过指责，无奈委婉地告诫他酗酒的危险。一天，齐桓公心情很爽，又置办了好酒与诸大夫畅饮。喝酒前他对大家下了酒令：“后者，饮一经程（喝得最慢的人，要罚喝一罐）。”管仲心里有事喝不下去，成了喝得最慢的，应当受罚。但是管仲“饮其一半，而弃其半”。这样的怠慢让齐桓公有些不满，他责问说：“仲父当饮一经程，而弃之何也？”[2]管仲不慌不忙地回答道：“我听说，酒喝到嘴里时舌头会出来，舌头出来了就会控制不住说错话，说错话接着就会做错事，与其等着将来做错事，不如先把酒放弃。”齐桓公还没醉，马上明白了管仲的意思，于是主动表示自己今后少喝一点。但是想必是已有很大酒瘾，过一段又控制不住自己了。年纪一天天变老，酒瘾却没见减轻。

酒喝多了出事是一定的。这不，有一次他又出去醉酒打猎，也不知道什么时候醒来的。但是醒来之后，头上的“冠”（相当于今天戴在头上的装饰品而不是真正意义上的帽子）找不到了。

按照规范的周礼，戴冠不是一件小事。《礼记》就说：“冠而后服备，服备，而后容体正、颜色齐、辞令顺。故曰：冠者，礼之始也。”“敬冠事所以重礼，重礼所以为国本也”。[3]后来孔子的弟子子路为了戴好冠，死都不惧，可见戴冠对于重礼的人来说是多么重要。戴上它才能显示自己的等级身份。“士冠，庶人巾”，庶民以下等级的老百姓是不能戴冠的，只有士大夫以上等级的人才有这个资格。这时候周礼已经荒废了不少，不信礼的士大夫或诸侯国君不一定很注意这样的穿戴，因为天天戴冠和脱冠都很麻烦，对吃喝玩乐都影响很大。但对于齐桓公而言，他是大国之君，他的冠和别人是不一样的。别人可以丢，唯独他不能丢，他的冠象征着他独一无二的权力。再者，他不仅仅是一国之君，他还是诸侯霸主。戴上这个冠才会显示出霸主独有的庄重、威严和气派。他需要以此

桓公丢冠，管仲济贫

全力维护周礼，给天下诸侯做表率，给诸侯传递正能量。

丢了冠，齐桓公感到相当难为情。过去每当上朝时，他那冠上饰金吊玉的缨緌一直像牛缰绳一样拽着众大夫的目光，发出的悦耳声音似乎让整个朝堂上回荡起了天堂之音，令人飘飘欲仙。现在没有了冠，上朝怎么办？怎么和各位大夫见面？不像一串钥匙，一个公章，很快可以再做出来，打造一个华美贵重的冠，是要花很长时间的。一连三天，他都找理由不到朝堂办公。但冠还是没有找到，这样躲下去也不是办法啊。

无奈之下他只得向善于解决难题的管仲求助。管仲听后说：“这确实是个有失颜面的事情。但是不要紧，又不是有耻于国家社稷的大麻烦，不必太放在心上。倒是可以用转移大家注意力的办法解决这个问题。”齐桓公忙问：“什么办法？”管仲说：“趁此机会发布一些仁政，此时大家都会称颂你，感谢你。这样，谁还会在意你丢冠的事呢？丢冠带来的负面影响会自然而然地被人忘掉。”让齐桓公焦头烂额、无计可施的难堪事到管仲那里很轻松地就化解了。

齐桓公按照管仲的建议开仓救济穷苦之人，又打开监狱把犯有轻罪的人都放了出去。果然，百姓、大夫们都对这样的举措很赞赏，根本没有谁想着对齐桓公丢冠的事进行拍砖。不仅如此，百姓们反倒开始把齐桓公丢冠的事当成了好新闻，纷纷热情顶起。几天之后，百姓们已经创作了歌谣满大街传唱：“桓公丢冠真是好，盼望他能接着丢。”

对于管仲来说，他能够很快地把齐桓公遇到的尴尬问题用仁政、爱民的方式解决，自是受到了百姓们的热爱。他的智慧和修养决定了他解决问题的出发点是人民利益，天下大道。这也应该是当初鲍叔牙看好他并全力支持他的根本原因。后来他跟着齐桓公一起过奢侈生活、大兴土木时，除了鲍叔牙批评他外，齐国的百姓和大夫们大都宽容他，不愿批评他。可见，大家都很珍视他在根本问题上表现出来的仁爱情怀。心胸最宽广的人还是天下百姓啊！

2012-11-20 23:48

注释

(1)《礼记·缁衣》

(2)《韩诗外传·卷十》

(3)《礼记·冠义》

典型性异类：易牙

人们看春秋，总会对易牙留下很深的印象，因为他是一个特别的异类。春秋的异类不少，但他独属一类，别人都或许是非典型异类，但把他称作典型性异类则当之无愧。他是一个非常出色的厨师，聪明、勤奋、善于钻研，能够做出无人能比的美味佳肴。他也有空前绝后的惊世之举——杀掉自己的孩子做成美味佳肴让齐桓公品尝。那么他到底是一个什么样的人？

易牙一生主要做了一件事情，当好厨师，做好饭，侍候好齐桓公。这一点他做得非常成功，以至于齐桓公后来听管仲的话远离了他一段时间，就觉得食不甘味，度日如年。的确，他在专业上很下功夫。相传他发现削山芋时，手会被山芋的皮刺激得奇痒难忍，通过多次实践终于找到了一个解除发痒的办法。传说有道叫“鱼腹藏羊肉”的山东名菜，就是由他所创。善于钻研的易牙还能把烹饪和医疗结合起来，创制了食物疗养

典型性异类：易牙

菜。据说有一次长卫姬生病了，易牙以食疗菜进献长卫姬，长卫姬食后很快病愈，所以他又深得长卫姬的赏识。

对于他当厨师的高超技艺，有很多名人进行了高度评价。孔子说：“淄渑之合者，易牙尝而知之。”[1]这是说即使将淄水、渑水两条河中的水混合起来，易牙也能够分辨出来。孟子说：“口之于味，有同嗜者也。易牙先得我口之所以嗜者也……至于味，天下期于易牙，是天下之口相似也。”[2]王充《论衡·谴告》说：“狄（易）牙之调味也，酸则沃（浇）之以水，淡则加之以咸，水火相变易，故膳无咸淡之失也。”意思是说，易牙能够通过水、咸（盐）、火的调和使用，做出酸咸合宜，美味适口的饭菜来。易牙对鲁菜的形成看来功劳不小。

易牙做菜水平达到无人能及的境界了，没有想到竟然拿自己的孩子做起了原料。起因只是齐桓公的一句玩笑话，齐桓公有一次说：“天下的山珍海味都吃遍了，就是不知道人肉是什么味。”他一听就上了心，琢磨着如何做出这道菜。让人匪夷所思的是，他竟然把自己的孩子杀掉做人肉汤献给了齐桓公。齐桓公知道后，居然感动得一塌糊涂。尽管这时还是文明与荒蛮共存的时代，但很多的君子对这样的行为也深为不齿。

易牙能够潜心于自己专长的一项事业，显然，他的目标也很明确集中：讨好主子。他讨好主子又为得到什么？应该是为了名和利。进一步说，可能就是为了追求他个人的地位、满足他自己的欲望。他是不是愚忠的那一类人？首先他不愚。他能有那么高超的技艺，可见他应该是一个相当聪明、灵活的人。其次他不忠，如果忠的话，他不会在后来看着齐桓公饿死却视而不见。另外，他肯定没有人间的情爱，自然也不会真爱齐桓公。管仲对他的抨击不无道理："人之情非不爱其子也，其子之忍，又将何爱于君！"[3]一个人连自己的孩子都不爱，又怎样会爱国君？他的行为显示了他不会有正义之思想，显示了他心灵的阴暗。他非常害怕管仲，而管仲一直是站在大义之道上的。他曾想挑拨齐桓公和管仲的关系，但无奈齐桓公非常相信管仲，他只得尴尬作罢。

后来管仲死了，齐桓公又得了重病，他那不安分的心又开始蠢蠢欲动了。他与竖刁等人拥立公子无亏，迫使太子昭逃奔宋国。接着，齐国五公子发生内战。易牙率人堵塞宫门，假传君命，不许任何人进宫。致使齐桓公活活饿死，而且死后尸体停放在床上六七十天无人去管。当然，违背大义的行为最后必定面临失败。很快齐国百姓开始讨伐他，他如丧家之犬逃出了齐国，再也没能回到自己的家园。

易牙就是这样一个人：非常聪明，但是没有正确的是非观，或者说他根本不在乎是与非，不在乎是不是正义。他只为自己的欲望和目标活着，只追求简单的目标，做简单的事情。为了实现这个目标，他可以没有爱，没有责任，还可以不择手段。他活得很现实，很功利。我们之所以要提及这个人，因为在中国，这样的人一直存在，时不时还会有土壤让他们形成影响人们生活的气候。他们曾经左右国家的政局，更能影响中华文明的进程。

2013-04-06 12:17

注释

(1)《吕氏春秋·精谕》

(2)《孟子·告子上》

(3)《史记·齐太公世家》

典型中国人性格：管仲

与人包容　处事灵活　心怀天下

在很多中国人心目中，管仲是来自于社会下层最成功的、最值得学习的人物之一。管仲在事业成功前家境贫困，历经磨难，做过小生意，当过兵打过仗，当过小官吏，成功后实现了功绩盖世，离世后还能够德泽后世，是中国人孜孜追求的完美人生模式。管仲之所以能成为多数人心中的榜样，主要就是因为他没有从先辈那里继承爵位财富，不是官二代，也不是富二代。他靠的是个人奋斗，靠的是个人智慧。

其实，管仲的性格特点也是他获得成功的重要因素之一。他的性格特点可以概括为：与人包容、处事灵活、心怀天下。

在与人包容上，他可以和各色人等友好相处。他担任国相后，既能包容齐桓公的随心所欲，能和鲍叔牙、隰朋、高傒、宁戚等良臣携手理国，又能从容和易牙、竖刁、开方等一群弄臣自如周旋。齐桓公的那些缺点，连齐桓公自己都觉得是问题。桓公曾不好意思地向他坦白：“寡人不幸而好田，晦夜而至禽侧。田莫不见禽而后反。诸侯使者无所致，百官有司无所复。寡人有污行，不幸而好色，而姑姊妹有不嫁者。”管仲知道在一个国家领导人身上这不应该是个小问题，他却大事化小：“恶则恶矣，然非其急者也。”齐桓公本来以为会听他的批评，但这样无所谓的表态一时让他都意外到不知所措：“此三者且可，则恶有不可者矣？”[(1)]当然，对于易牙后来对他的攻击，他也采取了不作回应的宽容态度。在处事灵活方面，他“善因祸而为福，转败而为功”，“贵轻重，慎权衡”。“桓公实怒少姬，南袭蔡，管仲因而伐楚，责包茅不入贡于周室。桓公实北征山戎，而管仲因而令燕修召公之政。于柯之会，桓公欲背曹沫之约，管仲因而信之。”[(2)]管仲有一颗心怀天下的志士情怀，这是多年来人们对他颂扬有加的根本所在。管仲为齐君、齐国百姓做了不少好事，但他自己也很奢侈。他自己充分享受了改革发展的红利，“富拟于公室，有三归、反坫”，甚至享受得有过之而无不及，但是“齐人不以为奢”。为什么？因为他“下令如流水之源，令顺民心”。[(3)]

这些性格特点是典型的中国社会文化下的大国国民性格。因为心胸开阔、处事灵活，就能够团结更多的人，能够及时解决面前出现的困难，能够趋利避害，能够用他山之石可以攻玉，能够高瞻远瞩，满怀信心地向前看，而心怀天下，则能够心系百姓，扶贫匡弱，主持正义。

典型中国人性格：管仲

这样的性格从两千前年一代一代、一日一日传到今天，经历了岁月长河的冲洗，仍然是中国人主流群体的性格，仍然是中国人普遍欣赏的典型性格，真可谓“山难改性难移”。一方水土养一方人，这种典型性性格的形成应该与中国广袤的土地、多样的气候、复杂的生存环境有密切的关系。这种性格可能还会影响着一代代中国人，使得中国人能够维护民族的团结，社会的稳定，能够使这个民族虽经历沧桑却屹立不倒，而且具有领导力。

但是，凡事有一利就有一弊。与人包容，就有可能会包容下错误的、不良的东西，就有可能在非正义乃至邪恶面前显得软弱无力。处事灵活，就有可能为了把事情做得八面玲珑而放弃原则，不坚守对所有人公平的法律制度，为使小团体得利而伤害大多数人的利益。心怀天下，就有可能太粗犷，有可能好高骛远，脱离实际。这应该是这种性格所带来的负面影响。正是因为这样，中国人才有一套所谓体现感情、关系、与公平规则并行的潜规则。大家都有自己的圈，都在自己的关系网中使用潜规则，后来却发现，每个人都是潜规则的受害者。中国人喜欢“易粪而食”。为什么会这样？因为其中的每个人都觉得骗了别人而自己赚了便宜。如此看来，为了维系感情，为了脸面性情，因为一腔热血，人们可以轻而易举地忘记规则，放弃法律，甚至放弃大义，放弃生命，到底是好还是坏呢？

回头看看管仲，他的包容和灵活带来了什么样的最终结果？齐桓公越来越不思进取，不辨是非，不讲原则，改革发展带来的红利很快被消耗殆尽。一直等待机会的投机者和阴谋家终于控制了局面，几个当权派共同争夺权力，以至于齐桓公还没有死，那些人就把他禁闭起来，使他在孤独凄凉中死去。他的国家随即也陷入了混乱局面，所谓“九合诸侯，一匡天下”的短暂辉煌就这样草草收场了。

2013-01-16 17:28

注释

(1)《管子·小匡第二十》

(2)(3)《史记·管晏列传》

一只没有翅膀的鹤：卫懿公

春秋有怪癖或痴迷于宠物的国君、大夫不乏其人：楚灵王好细腰，好得全国人都不敢吃饱饭；晋文公喜欢穿旧衣服以至于大夫们都不得不跟着穿破衣烂衫；王子颓爱牛爱得神魂颠倒；晋灵公好狗不能自拔，齐景公则宠得广泛：宠鸟、宠马、宠树……但他们和卫懿公相比，都是小巫见大巫。卫懿公爱的是鹤，他爱得疯狂爱得无私。他简直就是一只没有翅膀的鹤。他竟举全国之力爱鹤，结果因鹤丧命失国，这在春秋独一无二。一个国君能够将所有的精力都专注于一种鸟，也只有在等级制度稳固的时代才会出现。但是社会再稳定，天天这样，人心迟早是会散的，正事没有人管，国家注定是充满风险的。果然，连一些很愿意保卫国家的战士也完全泄了气，他们只好扔掉兵器，改行养几只鹤来解决生活问题，如果哪位先生走运养得好的话，还有可能获得一个大夫的爵位，得到丰厚的俸禄。

这时候，战事来了。北方凶悍的少数民族狄人像洪水一样排山倒海地杀过来。他们早已窥探到了卫国的状况，知道能够轻松地拿下卫国。卫懿公匆忙召集众人应战，大家都说：“君好鹤，鹤可令击翟（狄人）”[1]。卫懿公无奈只好带着自己的亲信和一些仅有的乌合之众应战。一边是士气旺盛的凶猛敌人，一边是毫无准备的杂乱队伍，战争的结果可想而知。狄人很快攻下都城，卫国的国民遭到毁灭性的残杀。狄人还没有经过多少文明的训化，他们的战争就是抢掠、杀戮、吃人。他们骑着马，行动又很迅速，卫国连被援助的机会都没有。没多久，好端端一个国家被屠杀得只剩下730人，加上两个没有被袭的邑城人数，这场战争过后卫国只剩下5700来人。卫国与亡国已相差无几。卫懿公本人呢？也在战争中被杀害。悲惨的是，他的肉都被狄人吃掉了，据说吃得只剩了个肝脏。

卫懿公落得如此下场自然十分可怜。他收获了一枚苦得无法再苦的苦果。但是，他更应该被看作悲剧的承受者，如果对这个悲剧追究责任，负主要责任的一定不能是他。他的出生和成长不由他决定，他改变不了什么。回溯他的家史，会发现这样的结果出现在他身上并不意外，甚至是一种必然。他的苦果是他的先人为他精心栽下的。他们曾认为那是世上最甜的果实，或者说他们栽种时忘乎所以，以为只要他们种下，就是一棵金树，就会结出金果。但是，他们并不知道该怎样栽种，怎样管理，因此，最后有人说这是上天的报应。

他的爷爷卫宣公基本上没有做出什么好事，而他的奶奶宣姜也是半斤八两，一路货色。卫宣公年轻的时候，跟父亲的妾

搞到了一起，后来这个妾为他生下了儿子伋。自己还没有接上班，便迫不及待地宣布让这个孩子将来继自己的位。儿子长大了，他开始为儿子物色夫人。让人大跌眼镜的是，当他看到给儿子介绍的媳妇年轻貌美，就毫不犹豫地自己留了下来。这个女子就是来自齐国的美女宣姜。宣姜又为他生了两个孩子，一个叫寿，一个叫朔。青春性感的少女勾得卫宣公早已移情别恋，喜新厌旧。他在宣姜面前百依百顺，但是宣姜还不满足。因为她的目标是让自己的孩子继位。

老公的纵容让她有足够的胆量谋杀公子伋，更何况“善解人意”的老公还帮助她？不过，这时宣姜的大儿子——他的异母弟弟公子寿看不下去了，寿把宣公和宣姜派人杀他的消息告诉了伋，让他赶快逃跑。但是这个善良敦厚的家伙就是不躲避。不必太讽刺他，他已经受周礼的毒害太深了。在他心里，唯一的观念就是父让子死，知死不避。让人嘘唏不已的是，公子寿也是一个非同寻常的忠义之士。他居然想法把伋灌醉，而自己装扮成公子伋。结果，他被刺客杀掉。公子伋醒来看到这个惨相后十分悲痛，已经没有再想活下去的念头，就找到刺客告诉他们说，他们要杀的人是自己。为了拿到重赏，刺客毫不客气地把他也杀掉了。这个惊天地泣鬼神的悲剧不知道让那一对罪恶夫妇有何感想。

好端端几个孩子，被他们折腾得只剩下一个儿子朔。当然，他也顺理成章成了后来的国君。虽然摇摇晃晃，但仍保住了君位，但儿子卫懿公还是成了一粒霉变的种子。这时确实是没有人再来争君位了，他们应该心里清净了。但是，他们丑恶

一只没有翅膀的鹤：卫懿公

的勾当不会不影响到卫懿公，他们的如意算盘也注定落空。卫懿公的最后惨剧难道不是他们种下的恶果结出的果实吗？

卫懿公，也可能就是因此对人生心灰意冷，成了一只没有翅膀的鹤。他不仅没有能够飞起来，而且被人当作美味吃掉了。

2013-04-04 14:12

注释

(1)《史记·卫康叔世家》

书生意气宋襄公

宋襄公是春秋五霸中质地最粗糙的一霸。几千年来，一直有人质疑他是不是应该被称为霸主。在当时，除了几个小国之外，楚、齐、秦等几个大国有的对他不服，有的甚至根本就没把他放在眼里，没有真正把这个霸主当回事。尤其是野心勃勃的楚国，毫不客气地给宋襄公一次又一次难堪。这里面，首先是因为宋国没有那么强大的兵力，宋襄公本来就不该想着称霸。其次，他在做事上又是典型的理想主义者，只在乎理想，不考虑现实。他是殷商的后裔，他有光复殷商文明的幻想和雄心。但在别人看来，他那是狂妄自大。其实，就算如此，也不只是宋襄公狂妄自大，那时的国君，没有几个不狂妄的，不然，为何那么多国君都想问鼎洛阳？主要还是从宋襄公的性格看，他就不是一个搞政治、当政客的料。如果他能像孔子一样专心做学问，或者像季札一样远离权力低调做人，他的结果肯

定大不一样。

撇开其它，单看宋襄公的人品，人们会发现他是个非常善良、讲仁义的人。在君位继承这样重大的问题上，别人都会争抢位子，他却能主动让贤。他是太子，父亲病重时决定让他继位，但是“兹甫（宋襄公）让其庶兄目夷为嗣”[1]，兄长坚持不受，父亲也没有答应，他才接受了国君的职位。仅此一件事，宋襄公就不该成为人们口诛笔伐、百般嘲弄的对象。齐桓公把自己非常重要的事情委托给他，就是看重了他的仁义。对各国国君比较之后，齐桓公发现他最守信用。晋公子重耳称霸后对宋国非常友好，就是因为他在艰难流亡的时候得到了他慷慨的资助。和楚军作战中，在被楚兵围困的最危险时刻，有一群部下之所以死死保护他，就是感恩于他平常对部下的善待与关爱。

公元前638年，他和楚军打了一场“泓水之战”，这场战争让他成了人们永远的笑料。在和楚军作战时，他的仁义言行在别人看来似乎幼稚到二百五的地步。他要求军队严格遵循古训，为此，一定要做到“四个不”：不再次伤害受伤的敌人；不捉拿头发花白的敌军老兵；不阻敌人于险隘中取胜；不主动攻击尚未列好阵的敌人。他真的那样愚蠢吗？谁都可以想象出，每个头脑正常的人都不会那样无知，他当然也不会。其实，是他对于战争的认识和别的人都不在一个层面上，他的认识处在更高境界。在他的观念里，作战应该像先人一样首先讲大义。不管别人讲不讲，他作为一个霸主要带头讲。他所以被人耻笑，不是因为他无知，而是因为大家的心都被充满邪恶的

书生意气宋襄公

欲望薰得迷失了方向，体会不到他追求仁义的至诚之心和高远境界。可谓众人皆醉他独醒。他能被后人奉为五霸之一，完全在于他高于众人的仁义之心征服了众人。

他的这种品德是做好学问的前提，但做好诸侯首领不需要这样。一个高尚的近乎完美的人品能够成为大众行为的表率，但在春秋这样混乱复杂的政治环境中，却可能成为不幸的牺牲品。在道德领域，他的观点思想更容易影响人，打动人。像季札，虽然没有什么惊天地、泣鬼神之举，但因为仁义守信之至而成为人们推崇的道德领袖。如果宋襄公不做国君，他的仁义似乎可赶上季札。

他很执着，固执己见。他不太容易听取大夫们的意见，不太喜欢改变自己的观点。他和庶兄目夷相处得绝对没有问题，却听不进去他的建议。这样的性格可能很适合做学问。只有执着，才能够坚持钻研问题，才能不受干扰深入到新的领域。因为学问只能靠自己做。但是，政治就不行了。政治需要对付各式各样的人、不断变化的现象，而许多问题现象，不是自己一个人能发现的、解决的，政客必须善于听取别人的意见。有很多时候，成功的政客取得政绩都是依靠别人的智慧。所以，和做学问相反，当政客决不能固执己见。

他不会八面玲珑、软硬兼施、虚虚实实、真真假假，不能灵活应变。政治上什么样的货色没有？尤其在那个时候，众诸侯可以说是各怀心事。他既看不清自己的实力，又看不清对手的面目，还以为他的仁义可以打动所有人，能够化解矛盾。错了，争权夺利的人是不会真正在乎道德的。楚成王是什么人，侵略成性，对中原的土地早就垂涎三尺，又根本不在乎中原那一套仁义礼仪。宋襄公坚持用自己的仁义和楚成王打交道，结果可想而知。另一方面，大家都认为战争本来就不是正义的行动，尤其是春秋的战争，早已没有仁义道德可言。他非要抱残守缺，一意孤行，自然就站在了众人的对立面，成为众人嘲弄的对象。

一位雄心勃勃的殷商后人，本想为殷商文化的再次雄起振动臂膀，可惜没有认识到自己的臂膀并不够长，不够有力，没有选择适合自己的路，所以落得个屈辱而死的结果，何其悲哉！“人怕干错行”，难道这样的民间俗话在春秋就适用？

2012-11-23 18:29

注释

(1)《史记·宋微子世家》

秦晋之好，持久好难

为了和强大的邻居晋国搞好关系，秦穆公刚刚继位就向晋国提亲了。当时不很自信的秦穆公想通过婚姻关系赢得晋国政治上的支持和帮助。晋献公正有此意，两家可谓一拍即合，献公很快安排一个豪华车队把女儿送给了秦穆公。至此，以婚姻为手段的秦晋之好拉开了序幕。

但好景不长，不久晋国出了个知恩不报、出尔反尔的国君晋惠公。姻缘关系编织的情感纽带终没能把两只蚂蚱拴到一根绳上，双方大打出手。占据天理道义的秦穆公治服了晋惠公，两国之后虽相安无事但再也没有了卿卿我我的迷离恋情。晋惠公让公子圉以人质身份住在秦国，又勾起了秦穆公的浪漫幻想。他想笼络住公子圉，就又以婚姻为手段，把女儿怀嬴嫁给了他。不过秦穆公也有资本，独一无二的权力让他妻妾成群，他又能生产，孩子就生了四十个，不愁材料供应短缺，是不是

秦晋之好，持久好难

有理想的政治效果他可能也不很在乎。不料公子圉真的没有领情，有一天偷偷扔下公主溜回晋国接替君位去了。秦晋婚姻之好再受挫败，这让秦穆公多少还是有些伤感。

所幸这时在外流浪十多年的重耳赶了过来，接下这桩不伦不类的政治姻缘，娶走了侄子弃下的媳妇。遇上讲究信义、又能感恩戴德的重耳，秦晋之好表面上风风光光地延续了几年。但是重耳的统治还没结束，秦晋之间又出现了裂缝。这可是秦晋关系最铁的一段日子，秦穆公甘当晋文公的小兄弟配合晋国去打郑国，但最后还是溜号了。这让两国关系留下了难以消除的阴影。终究，婚姻并没有真正铸就秦晋友好。

其实古人早已看到，人与人、国与国交往的方式不外乎以下几种：或以道德，或以党友，或以财色，所谓婚姻之好，只不过是国与国之间以采色相结交的一种方式，婚姻在此时是实现自己目标的工具。有的时候，这样的婚姻可能就是色诱。当婚姻作为一种工具时，它就只该起到工具的作用。它就像一个鱼竿，做到能够钓鱼就可以了。做得再精巧，也只是为了到水里钓鱼。至于能不能钓到鱼，则是另外的问题。此时婚姻讲究的是人的身份等级而非关乎幸福的爱情。这样的婚姻，得也容易，弃也简单，所以并没有人真正把它当作一回事。两国关系好时，它像锦上之花，还可以被人描绘成七彩的虹、美丽的梦。但只要有利益上的冲突，大家都会把它像扔垃圾一样抛到九霄云外。

真正的秦晋之好，也许应该有共同的目标，共同的利益，共同的爱好，甚至共同的追求。但秦国和晋国之间好像难有这些共同的前提。它们两个都是大国，都有称霸的条件和野心（这一点是共同的），谁也不会甘当老二。所以它们之间更多的是竞争关系，可以合作但注定成不了长远的朋友。在晋国邀请下攻打郑国时，秦国中途偷偷把军队撤走，表面看来是郑国的烛之武进行了成功离间，实际上是因为他们发现在这场战争中自己捞不到什么好处。开溜时，连个虚假理由糊弄晋国一下都懒得找。后来晋文公死了，秦国连哀悼都不去，可见因为一次被愚弄，那曾经似乎弥足珍贵的友情在秦国心中已经荡然无存了。而晋国呢，一开始就是利用人家，明知秦国只是瞎跟着灌水，还用周王的名义发帖做掩饰。秦国把脸皮撕破后，晋国居然还好意思心怀怨恨。

把婚姻作工具求得的男女之合不可能是真正的天作之合，有时候可能就只是一种苟合。所以不要指望有什么真正好的姻缘，不该幻想此种交易下会有什么忠贞美好的爱情，它并不是美好爱情里结出的果实。

秦晋之好一直就只是一个披着美丽爱情外衣的畸形婚配。当你的亲戚朋友因爱而结合时，不要说他们结成了“秦晋之好”，因为那很假，它会玷污真正的爱情。

2012-11-18 16:54

晋文公的超级智囊团

虽然晋文公的成功显示了他自己有两把刷子，但有别于其他国君的地方，就是他有一个强大的智囊团。他的许多重要决策好像并非出自他自己的主意，而是来自他的谋臣意见。一个好汉三个帮，可以说晋文公的称霸之路大多是亏了智囊团的足智多谋。

晋文公能够建成一个超级智囊团，源于他自小好结交朋友，《史记》说他“年十七，有贤十五人”，看来这个团队不光阵容够潮，资历也能惊翻人，成员有不少都是他的发小，忠诚度自然是没有水分。这个团队里的人物可以说都是晋国精英，文臣武将一应俱全。第一高参赵衰，第二谋臣狐偃，第三智囊先轸……都在关键时刻帮他出主意，想办法化解风险，寻找机遇。这些人个个像秃鹰一样，都有一双锐利的眼睛，随时机警地盯着草丛中奔跑的兔子。介子推在他的智囊团中算是不很知名的人物了，到后来不愿意与那些居功自傲的人同流合污时，人们才发现，还有品质这么高尚的人在追随着重耳。流浪到楚国时，楚国令尹子玉建议国君楚成王杀掉重耳，但成王说："从者皆国器，此天所置，庸可杀乎？"[1]

这个超级团队中狐偃一直是老大，因为他是文公的老舅，年龄又长一些。以至于长时间把晋文公压得喘不过气。他的德能都比不上老赵，所以他一死去，晋文公心里就像扔了一个破包袱一样轻松，立刻把内政大权交给了一贯谦虚谨慎的赵衰。

赵衰有着超酷的文采。重耳流亡到秦国，在和秦穆公饮酒时，他就机智地唱起了歌。在那时君王畅饮唱歌助兴是很重要的礼仪，当时重耳曾想让舅父狐偃来担当歌手。不料狐偃却推辞说："这个赵衰比我在行。"那算是个比较正式的场合，赵衰可不能为图一时之快唱流行歌曲，他需要唱有政治意义的"革命"歌曲，所以选唱了一首在春秋各国知名度较高的《黍苗》。[2]唱到动情处，赵衰还滴了几滴浑浊的老泪。秦穆公一听就感动了，赶忙安慰重耳说："知子欲急反国矣。"[3]

先轸在军事理论上很有一套，自然是军事上的高参。城濮之战可算是晋国战史上战绩最辉煌的一次战役了，而这次胜利，就与先轸的全盘谋划分不开。团员魏犨则是一名典型的武将。现在来看他是个毫无争议的粗人，甚至可能有点"二"。但是那时打仗主要靠勇猛，在战场上，谁力气大、不怕死谁就是爷，这个是他强项。他曾经吓得敌人屁滚尿流，所以就成了赫赫有名的晋国战将。

这个智囊团称得上超级的地方还在于它是一个敢想敢干、

敢作敢为的团队。在关键的时候，他们能够绑架重耳，直接左右重耳。这可是一般团队想都不敢想的事啊！重耳流落到齐国后，齐桓公给他安置了一个小而温馨的安乐窝，重耳一下子从人间地狱般的生活升到了天堂一样的世界，由此，自然过起了慵懒逍遥的神仙日子——他把晋国的那档事早忘干净了。一晃就是五年，团队成员看着他只顾自己潇洒而忘记了重大责任，一个个由烦躁转化成了“狂躁”。于是，赵衰、狐偃两个人“乃于桑下谋行”，然后大家一起“醉重耳，载以行”。到了秦国后，穆公又送给他五个女人，为首的却是自己的侄媳妇——被侄子晋怀公抛弃在秦的怀嬴。据说他不想接受，智囊团员就发话了：“其国且伐，况其故妻乎！且受以结秦亲而求入，子乃拘小礼，忘大丑乎！”[4]话说到这份上，重耳哪里还敢再推辞?

相对于智谋而言，团员的道德修养更是使智囊团大放光彩。春秋五霸，都是道德为先的。智囊团有了这方面的优势，当然更容易助推重耳称霸诸侯。这些人中，介子推的道德自不用说，影响最大的应该是赵衰。身为颇受倚重的功臣，他从不与人争权夺利，不计较个人地位。多次推让权位，被人传为佳话。晋文公曾问他谁可以担任元帅，他就举荐了郤縠；后来让他担任卿，他推荐了栾枝、先轸和胥臣；再后来让他继任军师，他又推荐了先且居。他有足够的机会给自己提要求，但他没有。他还重用地位低下而品德很好的韩厥，而且大力支持韩厥正义而大胆的行为。他的带头作用让这个智囊团具备了超强的凝聚力。

晋文公的超级智囊团

从已知的文献看，晋文公的这个超级智囊团从规模到水平、到发挥的作用，好像都是前所未有的。他能让这个智囊团的作用发挥得炉火纯青，也是一个了不起的创新。遗憾的是，那时的他们还都很傻、很天真，不太懂得对自己的特色成就进行包装。如果在今天，他们肯定会给这个团取个雅号，比如叫“NO.1团”。

2013-05-14 17:40

注释

(1)(3)(4)《史记·晋世家》

(2)《诗经·黍苗》全诗为：“芃芃黍苗，阴雨膏之。悠悠南行，召伯劳之。我任我辇，我车我牛。我行既集，盖云归哉。我徒我御，我师我旅。我行既集，盖云归处。肃肃谢功，召伯营之。烈烈征师，召伯成之。原隰既平，泉流既清。召伯有成，王心则宁。”

东周洛阳王妃泪

周王朝迁都洛阳，进入东周时代之后，王权一天比一天衰落。但是，一代又一代的公子继承王位后都没有想着如何恢复曾经的辉煌，而是从容过起了得过且过的日子。这样在以后的很多时候，周王就成了一些强大诸侯国攻伐他国建立霸业的招牌，甚至是小跟班。比起故事不断的各诸侯国，二三百年的时间里，东周王朝甚至没有给后人留下一点像样的记忆。

如果扒开周王朝废都的断壁残垣，仔细地翻找审看，还能发现的东西也许是两千六百年前一位宫中美人留下的凄楚泪痕。这位美人，因为追寻自己的真爱，先被打进冷宫，后被杀掉。她的爱情成了封建制度文化的牺牲品。然而，她的爱情故事没有被当作千古绝唱，而是被封建的卫道者们钉在了贞节牌坊对面的耻辱柱上，被善良而又温顺的大中华人民骂了两千多年。

这是一位天真活泼、浪漫纯情的西戎公主。当遇见这位名叫叔隗的西戎公主时，人们第一眼见到的便是她那洋溢着青春朝气、充满着热情活力的楚楚动人形象。公主叔隗成长在一个善于骑马射猎的彪悍国度。在这样的环境熏陶之下，年轻的叔隗自然多了几分粗犷野性的美。

年老的周襄王讨得了这样一个女子做王妃，自然是喜忧参半。喜的是年轻貌美，忧的是她的野性让他难以招架。呆板沉寂的王宫生活果然让叔隗难以忍受，她要出去，要骑马、打猎。周襄王疼爱她，不得不顺从她，但他自己又没有能力陪伴她。这个时候，他叫来了年轻的弟弟王子带。刚刚成熟而富于朝气的王子带也善于骑马射猎。能够在这样一位活力四射的美人面前表现才艺，能够与这样的率真美人驰骋猎场，王子带很快迷失了自己的心。而刚涉人世真味的叔隗王妃遇到这样一个成熟英俊的王子也很快深陷爱情不能自拔。两个人可谓是一见钟情。叔隗不像周礼文化下教育出的女子，她不会压抑、扭曲自己的爱情，她能够大胆地表达奔放的情感。于是，她和王子带开始了甜蜜而又惊险的秘密约会。

没有不透风的墙。周襄王终于知道了弟弟和王妃间的私情。这样的丑闻让他无法容忍。盛怒之下，他把叔隗打入冷宫，不允许她出去再见任何人。叔隗就在暗无天日的囚牢里苦苦煎熬，等待着心爱的人来营救她。王子带则逃到了西戎。他鼓动西戎王派兵打到了洛阳，赶走了周襄王。襄王像丧家之犬匆匆逃到了郑国。说起这个王位，本来周襄王的父亲周惠王有意传给王子带，但惠王病重时襄王已经控制了宫廷大权，接着

东周洛阳王妃泪

就自己窃取了王位。那时的王子带还很小，现在王子带认为自己理所当然地可以来接管周朝了。他立即从冷宫中救出了自己心爱的情人，两个人开始了自认为是最甜蜜幸福的爱情生活。

然而，人间最美好的东西往往都是转瞬即逝的。他们的缠绵恩爱也没能持续太长。周襄王并没有甘心自己的失败，他很快赢得了当时霸主晋文公的全力支持。在他们的眼里，王子带和叔隗的爱情只是背礼叛道，罪不容诛。晋文公还觉得，这是显示自己能主持正义并树立威望的好机会，所以他的兵马迅速就攻进了洛阳城。王子带和西戎的兵马力量哪里是他的对手？叔隗和王子带都被杀掉，他们闪电般炽热的爱情就这样悲凉地结束了，叔隗短暂的生命也就这样香消玉殒。有一首异常忧伤的小提琴曲《神秘园之歌》，听起来就像是为他们而谱写的，好像是在向人们哀婉诉说他们的不幸爱情。

如果说王子带违背了人伦常理，抢夺哥哥的夫人，应该受到指责。那么王位本来该是弟弟的，周襄王却抢走了它，又有谁指责他呢？如果王子带能够继承王位的话，这一悲剧怎么还会出现呢？抛开封建礼教的禁锢，剥去虚伪仪礼的外衣，现在，我们从人性平等的角度看他们两个人的爱情故事，真的找不到讽刺、指责他们的理由。他们的爱可以说是人间天性的真诚交融。虽然很短暂，但像天上美丽的流星，只有一闪，却是那么亮丽，那么动人。

2013-01-23 11:10

两千年前山民的素质

两千五百年前，有一段秦穆公丢马的故事，因为很经典，被人们完整地传了下来。

秦穆公的马跑丢了，他找到岐山下，发现一群“野人”正在分吃马肉。这里的“野人”在春秋是一个独特的群体，他们是生活在城郭之外偏远乡野的乡民百姓，他们生存条件恶劣，以种地或打猎为生，没有资格参与国家的政治管理，没有资格受到正规的教育。还有一部分可能不在政府的有效管理范围内。他们处在社会下层，但还不是社会的最低阶层，应该相当于庶民，比奴隶的地位要强一些，因为他们有人身的自由。这些生活在大山的人们可以叫做山民。

秦穆公的手下想杀这些鄙贱的山民。不料穆公出来阻止说：“马已经死掉了，君子不能因为马没了而再杀人。人吃了马肉不喝酒会中毒，快给他们一些酒让他们解毒。”听了他的

这些话，刚刚还恐惧绝望的山民们，这下感动得不知所措、涕泗横流。

后来，秦穆公带兵应战晋惠公，两军就在这里相遇了。战斗一开始晋惠公的军队势头挺猛，秦穆公被晋军团团围住，眼看着性命难保。这时，那些吃过他马肉的山民忽然从山里面冲了过来。这一股来势凶猛的“天兵”一下子搞得晋军晕头转向，彻底打乱了他们的阵脚。战场的形势发生了逆转，秦穆公反败为胜，不仅自己逃了出来，部下们又活捉了晋惠公。

就这样，因为秦穆公的宽容和仁义，被称作野人的山民们，终于有了正名和展示自身形象的机会。山民们也许并没偷马，只是遇到了改善生活的机会。到嘴边上的肉，他们也有权利分享一次啊！不过他们是弱者，他们只有被处置的份儿。当没有被处置反而受到厚待时，他们那质朴的报恩性情就成了善良民性的最好写照。

一群生活在山野之中，日出而作，日落而息的没有教化的山民，在王公贵族看来会有什么素质。想当初秦穆公宽恕他们的时候也不会对他们有太多的期望，所以他后来很感慨。他这次和晋国打仗，就是因为晋惠公素质太差。不光没有君子风度，甚至没有一点人样儿。原来他想做国君时晋国形势很不妙，就可怜巴巴地来求自己帮忙，并主动许诺做了国君后把黄河以西的地都割给秦国。但是一当上国君就翻脸不承认了。这还不说，晋国遇到了荒年又向秦国求助，秦国很快就把粮食调了过去，帮晋国渡过了难关，而今，秦国遇上饥荒向晋国求救，晋惠公不仅不帮忙，反而趁机带兵打了过来。晋惠公作为

两千年前山民的素质

一国国君，居然连一群山民的道德修养都不如。他的厚黑学到底是怎么学来的？秦穆公又如何能想得通？

如此看来，人的道德素质、修养并非取决于身份的贵贱。晋惠公从小就是晋侯的公子，生活在社会的最上层，什么好的礼仪道德没学过？学习了为什么就不能自觉地以身践行？而山民们像动物一样生活在恶劣的环境里，为什么却能不惜以生命报德？说明所谓的身份高贵，只是物质和形式上的事情，和道德品质是两码事，千万不要把二者混为一谈，不要轻易认为身份高贵的人就有高尚的道德品质。另一方面，也不要太迷信思想教育的作用。思想教育尽管很漫长，表面看来似乎很有用，但如果与实际脱离，作用依然会很脆弱，会很有限。

如此看来，动不动就担心山民的素质问题是没必要的。山民们虽然身份贫贱，但他们也要依靠良好的道德操守维护群体和谐生存、稳定发展的局面。他们的幸福虽然简单，但一样重要。身份低贱影响不了他们道德的高尚。那些担心的人应该说是缺少对山民的了解。他们学习了很多知识后，就认为自己是具有先进性的群体了。他们知道坐在一起如何排顺序，知道如何鞠躬施礼，知道如何欣赏歌舞，但那都不意味着道德修养的真正提高。或许，那些所谓的修养、见识更能推动他们邪恶的、欲望的膨胀，更会降低人性中美好的、纯朴的道德素质。可以想一想，千百年来，那些变得越来越贪婪的、越来越不知廉耻的都是什么样的人？

春秋的社会制度和文化环境没有给平民百姓直接监督社会、管理社会的权力和机会。相当多的百姓被称为野人，是社会的下层。天下是王公贵族的，国家的大事应有“肉食者谋之”。他们总是认为应该由他们治理社会，他们对自己的能力自信到自负。也正因为这样轻视百姓，那些贵族世袭的权力才不能长久，才必然失掉。但可悲的是，一代又一代，总有很多人不相信百姓的力量、百姓的素质。与此相应的是，那些人总一次再一次地重蹈覆辙。

2012-09-30 19:14

从乞丐到国相：百里奚

回望春秋，让人感觉到百里奚应该是最具传奇色彩、最值得感慨敬佩的人物之一。相传百里奚出生在一个没落的贵族家庭。因为家道衰落，没有人记得他什么时间，生在谁家，只知道他三十多岁时才娶到老婆，他的晚婚晚育实属迫不得已。但是有了家又如何？百里奚压根儿不是理财治家的料，搞得老婆孩子天天吃糠咽菜，日子过得青黄不接。百里奚毕竟满腹经纶，不甘这样熬下去，决定要出去闯一闯。和老婆商量后，得到了她的大力支持。在老婆看来，选择出去闯荡江湖这一招，说不定还真是死马当成活马医。老婆宰了家里唯一的一只鸡为他饯行，还满怀期待地叮嘱他说："苟富贵，莫相忘。"

没有人举荐，也没有钱找人举荐，百里奚的求仕之路注定要充满艰辛。在那个时代，人要想有地位、有作为，首先得出生在有地位的家族里，因为人一出生就有了等级。资料显示，那时人可以分为十等。通常而言，没有谁能打破这个等级。没落贵族以及他的远房后裔已经不在上等人之列，身份好一点的也只在庶民这一级，百里奚显然就是这一级的人。由于求官的穷人太多，王侯大臣根本不给下等人直接见面的机会。这样，下等人想有作为就必须先有钱。有了钱可以向中间人——王侯大臣的管家或有地位的家臣送礼行贿，那些中间人会向王侯大臣推荐他，可以先让他在王侯大臣家做个低等门客或家臣。介绍进去之后，如果有才能，就可以慢慢施展。就像现在的人玩游戏，一级一级往上进。

百里奚没有这些资本，只好凭着自己的本事瞎闯。他听说东方的齐国有用人机会，就前往淘金。他不知道，当时的齐国国君齐襄公压根儿不是什么好鸟。齐国政治风险重重，能给他什么机会？信息显然太不靠谱。奔波到了那里，身上仅有的一些盘缠花完了，他却没有找到一个能混碗饭的地方。没有办法，只得靠乞讨活命。学优不能仕，有家不能回，百里奚走到了穷途末路。

山穷水尽之时迎来了柳暗花明，百里奚绝望之际遇到了他生命中的大贵人蹇叔。蹇叔也是怀才不遇，郁郁不得志，很渴望找到一个贤明的国君去效力，但让他失望的是没有能让他瞧得上的王侯。不是他眼界高，而是那些人素质太低。幸好的是蹇叔家中条件还算凑合，不必为生计发愁，所以他宁愿待在家里做宅男。

一天，心情郁闷的蹇叔遇到了落魄至极的乞丐百里奚。这一偶遇不当紧，后来就改变了两个人的人生历程。蹇叔发现百里奚不是一个普通的乞丐，就把他留了下来，言谈之中发现了他的旷世之才。知己不在识长短。一面之缘，两个人很快成了知音，同吃同住，无话不谈。百里奚不愿意寄人篱下，蹇叔给他临时找了个养牛的活维持生计。后来他就尝试到洛阳谋职，结果失败而归。但这样天天喂牛也不是办法，一段时间后，百里奚请蹇叔帮忙介绍个正式工作。蹇叔说："有很多地方可以去谋取职位，比如周王那里，还有鲁国等。但是这些领导个个目光短浅、见利忘义、反复无常，跟着他们都很危险。我有个朋友宫之奇在北方的虞国做大夫，在国君面前能说上话。如果你很想工作的话可以到那里试试。"百里奚问："我们不可以一起去吗？"蹇叔回答："听说虞国国君也好不到哪儿去，我不想去那里，你也要注意自己。"

百里奚到虞国还算如意，国君给了他一个下大夫的职位。尽管还不是施展才能的地方，但毕竟有了一个低等白领的地位，告别了一穷二白的生活。

百里奚在虞国的好日子并没有多长。当时南面相邻的晋国比较强大，一直想吞掉虞国。为了不打草惊蛇，阴险的晋国就请求虞国国君说：借个道，他们想攻打虞国北面的虢国，就是"假道伐虢"。这个道不白借，使者已给虞国国君送来了珍奇宝玉和名马。鱼见食而不见钩。虞国国君不听大夫宫之奇的苦苦劝谏，毅然决然地吞下了甜甜的诱饵。果然，当晋国灭了虢国后，顺带就把虞国也灭了。这时候虞国国君也只能哀鸣几声。下大夫百里奚自然也成了人家的俘虏。晋国有人知道百里奚的才能，就向国君举荐他。而他既不愿意以亡国之臣的身

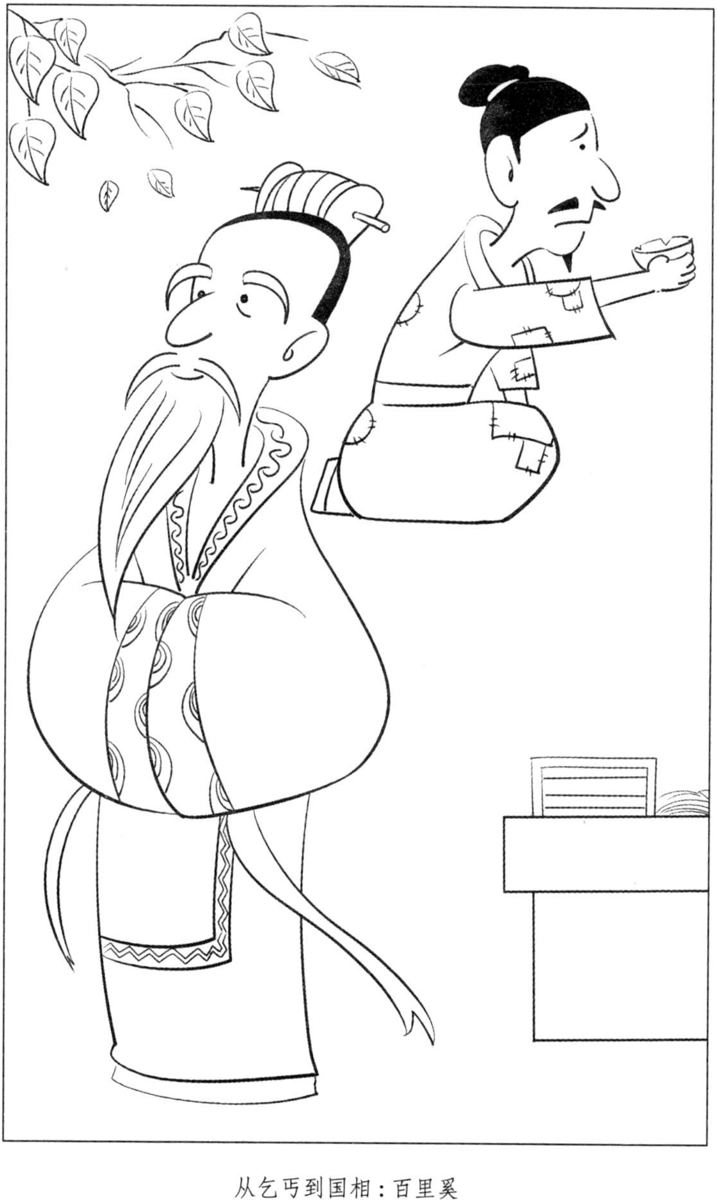

从乞丐到国相：百里奚

份屈就，又不喜欢晋国国君，所以拒绝了。已经成了亡国奴，敬酒不吃只能吃罚酒。正好晋国国君要把女儿嫁到秦国去，就决定把他当作国君女儿的陪臣，陪送到秦国去。这意味着什么呢？这里的陪臣可不是官员，而只是一个活人陪嫁品。在春秋时期，只要是战败一方的战俘都可以充作得胜方的奴隶，不管他原来是什么身份。而一旦成为奴隶，就不再有人身自由，也没有生命的任何保障。

百里奚实在难以忍受这样的污辱，就在中途趁机逃跑了。他想跑得远远的，就一路向南，不知不觉中逃到了楚国。当到楚国的北部城市宛城时，他被那里的人当成了北方国家的间谍逮了起来。百里奚养牛的本领帮了他大忙，楚国人没有杀死他，让他养牛。这时，他已经是六十多岁的人了，在这个年龄很多人都已死掉。所以他不敢再有太多的幻想。除了活命，其他的一切对他来说都是奢望。他就专心致志地为楚国人养牛。他的牛喂得果然比别人强壮得多。

百里奚如果像范蠡那样有经济头脑或者喜欢做生意，相信他也能成为巨商。可能他从来就不擅长做生意或无意于生意，所以他的本事没办法在那方面发挥。他的养牛本领足够高超，很快就传到了楚国国君的耳朵里。国君说：“既然他擅长养牛，那么养马肯定也行。国家需要有水平的饲养员养战马，正好让他去吧。”因为楚君的一句话，百里奚又被派到南海养马去了。百里奚全心全意地饲养马匹，眼看自己就要像一匹千里马一样“死于槽枥之间”。也许百里奚想，这一生就要在马厩里终结了，既如此，就多养点好马吧。

晋国的公主远嫁到西方的秦国已经好长时间了，秦穆公像做梦似的关心到了随嫁的人员情况。查看随嫁人员名单时，发现少了一个名叫百里奚的人，秦穆公就问原因，公子絷说："是一个奴仆，现在逃到楚国去了，没什么大不了的。"朝中有个从晋国投奔过来的武士叫公孙枝，这时说："百里奚是一个很了不起的有才之士。"秦穆公胸怀大志，却正苦于无贤才辅佐，一听说百里奚很有才能，决心要把百里奚找回来。他就计划备一份厚礼，想派人去请求楚成王把百里奚送到秦国来。公孙枝知道了说："这可万万使不得。听说楚国让百里奚去养马了，这是因为不知道他是个贤能之士。如果您用这么贵重的礼物去换他，不就等于告诉楚文王，百里奚不是个一般人物，你想重用百里奚吗？那楚文王还肯放他走吗？"秦穆公一听言之有理，就问道："那你说有什么办法？"公孙枝建议："可以按照现在一般奴仆的价钱，用五张羊皮把他赎回来。这样，楚文王就不会怀疑什么了。"果然，使者按秦穆公的要求向楚国要人时，楚国爽快答应了。消息传到百里奚那里，旁边的同伴都忧伤流泪，认为百里奚被带到秦国一定会在劫难逃。百里奚却心里明白，他即将否极泰来了。

百里奚经常做喂马的粗活，自然显得更加苍老。虽然顺利到了秦国，但秦穆公一见到他就心里凉了半截，没想到人已经这么老，白白期待一场。秦穆公十分遗憾地对百里奚叹息道："听说您有非常了不起的才德，我非常想让您来治理国家。可惜您是不是老了一点？"百里奚泰然自若应对说："您要我来不是做体力活的吧。筑城挖池，垦荒种田，我是真的老了，但

治理国家需要的不是体力而是脑力。从这方面看，我比姜尚公还要年轻吧。”这一席话镇住了秦穆公，他开始向百里奚询问发展秦国的大计。百里奚果然名不虚传，一番理论征服了秦穆公。畅谈了很久之后，秦穆公决定让他治理国家。这时候，百里奚却说：“有一个人比我还要强很多倍。当年我想到齐国谋职时，他对我说齐君不行，不可去，果然不久齐国就发生了内乱，我得以免受灾难。后来我在周王那里，因为听他的建议早早离开，又躲过了杀身之祸。而到虞国去做官，是由于没有听他的建议，结果就成了晋国的俘虏，受尽羞辱。”

秦穆公好奇地问：“这人是谁？”

百里奚回答：“他是蹇叔，因为没有找到施展才能的地方，现在就隐居在他的庄园里。”

秦穆公听后相当兴奋，立刻让公子絷驾上自己的高档马车去请蹇叔。如愿请来了蹇叔，秦穆公经过一番谈话面试，对他也非常满意。于是任命他们二人一个为右庶长，一个为左庶长，共同治理秦国。

百里奚这位五张羊皮换来的大夫，在左庶长的位置上充分地施展开了他的才能。因为他的治理，秦国由一个西部小国很快发展为一个强大的国家，站上了春秋五霸的擂台。同时也为秦统一中国打下了坚实的经济基础和社会基础。百里奚到任以后，励精图治、生活简朴、深入基层、关爱百姓，深得百姓的拥戴。之所以具备了这么高的水平和品质，与他的曲折经历不无关系。长期生活在社会最底层的经历，让他深知人民之疾苦。所以他能够劳累不坐车，酷暑炎热不打伞。他会全心全意致力于为人民谋幸福。多次遇险的经历让他的意志更为坚强，遇事更为沉着。他走遍大江南北，不用随从和车辆，不带防卫。他敢于打破阻力，提倡教化，开启民智，推行周朝的官制和礼仪，改变秦国落后的国体。同样，他也更珍惜和平发展的局面。他提倡搞好与邻国的关系，不兴战事。谋也和，法无私，终使秦国得到大治。

他坎坷的生活经历极大丰富了他的人生内涵，为他积累了宝贵的经验。艰难和危险对于没有志向、没有毅力的人来说，是简单的痛苦和不幸，而对于不肯屈服的人来说，是新的考验和动力。百里奚的能力和本领应该在这个过程中得到了巨大的提升。百里奚的伟大不只在于他使弱小的秦国变得十分强大，更在于他的亲民。他的高尚品质和爱民思想使他在百姓心中具有很高的威望。百里奚去世的消息传开后，秦国百姓不论男女都痛哭流涕，正唱歌的小孩子也不唱歌了，正在捣米的人也因悲哀而停止喊号子。

中国有这么漫长的历史，也出现不少贤明亲民的优秀官员，但像百里奚死后让人民这样难过的又有几人呢？人民的评判最简单，但也最真实、最公正。

2012-10-01 08:35

百里奚的人生过程和结局

如果有一个正确的目标，无论能否实现，过程就是幸福的

春秋的百里奚有一个完美的人生结局，但他的等待过程也相当地漫长而且充满了艰辛。他的结局并不是必然的，相信有不少像他那样孜孜以求的人并没有得到他那样的结局。当他在六七十岁实现了自己的目标之后，他又会怎么想？怎么看？经历了那么多的坎坎坷坷后，他的心中还会有多少喜悦和满足？

可以看出，百里奚辞别他的妻儿出门时，他的人生目标已非常明确，就是想在政治上施展自己的抱负。他想走当时贫贱之士普遍爱走的道路——到大夫家去做家臣，然后再寻机谋取地位。但是，时运不济，遇不到能赏识他的人，以至于落到乞讨的份上。即便遇到了蹇叔之后有了生活上的保障，还是需要

百里奚的人生过程和结局

以养牛为交换。后来，似乎是时来运转做了一段虞国的下大夫，不过不仅没有施展出什么能量，反而赶上虞国被灭，又被晋国当作陪嫁品送出。成功逃跑到楚国，又只能艰难地以给别人养牛糊口。

在艰辛漫长而求索无望的人生历程中，百里奚在想什么？他有高超的养牛技术，为什么不去养牛致富呢？说不定能像范蠡一样，成为一个富甲一方的个体户。也许别人劝说过他，也许他自己曾经动摇过。但他坚持下来，没有改变初衷。这应该是百里奚非常了不起的地方。也许去养牛致富走另外一条人生道路，能够生活得衣食无忧，甚至是锦衣玉食。但那不是他想要的。对于他来说，那样做不是不能，而是不想。这应该可能归结于百里奚坚定的信念，别的什么东西都诱惑不了他。在别人的眼里他那种生活很苦，但他自己或许并不这么认为，因为在一个理想坚定的人眼里，从不会有物质上的苦与乐。

对于一个能坚定追求目标的人来说，只要有这样的求索精神就行，至于能不能有如愿的结局，则不是他要考虑的。尽管有时是只埋头拉车，不抬头看路。“时不至，不可强生；事不究，不可强成”[1]。只要能做到这样淡定，过程里就少了很多的烦恼和抱怨，少了很多的失落和郁闷。虽然艰辛，但很充实。

百里奚得到了满意的重用。他又是怎么使用自己的权力的？他什么都没有为自己谋取。当他去世的消息传开时，正捣米的人放下了手中的工具，嬉戏的孩子也停止了唱歌，国人都为他哀伤。这足以说明，他的这个目标不是为他自己，对于他本人来说，得不到这个目标无所失，实现了这个目标无所得。

重要的是，这是个正确的目标。

如果他把目标看得很重，他无疑会急切地争取，想方设法尽快得到。当那么长时间不能实现目标时他会怎么样？他能安心地为别人养好牛？他会不会去做隐士？他可能难以有足够的耐心坚守这个基本上无望的目标。当然，这种情况下人的目标往往已经偏离了正确的轨道。

百里奚的传奇一生告诉我们，人如果有一个正确的目标，无论能否实现，过程就是幸福的。

2012-11-30 17:16

注释

(1)《国语·越语》

春秋知名国企老总：弦高

秦穆公听部下说，他们在郑国都城安置了卧底，这些人很可靠。如果派部队悄悄打过去，卧底与部队里应外合，轻而易举地就可以拿下郑国。这些人忘记了两国之间的距离。两国相距千里远，部队赶过去要翻山越岭，还要经过许多的国家和周朝都城洛阳。一路走过去像做了一次活广告，还有什么秘密可言。但秦穆公是被卧底的好消息忽悠得头脑发热了。他几天里都在念叨着：有卧底，不能放弃；有卧底，不能错失良机。于是不顾蹇叔、百里奚等几位老臣的反对，果断发布命令：出兵！

主战派们想着出战必胜，压根就没有想到对部队进行伪装。大部队走过都城洛阳时就显得耀武扬威、趾高气扬。这场景被周王的一个小公子王孙满看到了。王孙满正在睡午觉，被喧闹声吵醒了，立刻登上城墙观看。一看这情景就很不客气地评论说：不像去打仗，倒像在军演，太拉风了！华而不实，虚张声势，花拳绣腿，一战必败。

将领们都在兴头上，不愿往坏处想，部队又往东走，碰到了一个大牛群，后面又跟着一辆马车，马车上正坐着牛群的主人——弦高。弦高是谁？郑国国际畜牧有限公司董事长兼总经理，正儿八经的郑国国企老总。这时候，弦高正亲自押运特供肉牛前往洛阳。给洛阳供应肉牛能赚大钱，因为那是周朝的都城，东周列国有钱有势的人都住在哪儿，如王室高级官员、各国办事处官员、官僚、官商、暴发户、明星等。连老子那样崇尚清静无为的人都定居在那里，不过他后来发现周朝是没指望了，房产难以升值，就及时出手，然后到楚国去了。就是不能在那儿住的，也设法在那搞了一些房产，期望周朝发达了坐等房产升值。这儿也是全国唯一一个牛肉需求旺盛又有消费潜力的市场。不过，弦高也不容易，那些娇生惯养的官后代、富后代，甚至小三们对牛肉的质量都很挑剔，不是吃绿色食品长大的不要，肉质不细腻的不要，所以，弦高不得不亲自出马，协商可能出现的质量投诉以及退货问题。

这些年来，周王室成员及各诸侯官员信用度越来越不佳，导致国民都跟着形势不顾一切制假售假，整个国家、社会都存在信任危机，特供产品出现信任危机也在情理之中。尽管是特供肉牛，每交易一次也都要检查。当然弦高有经验、有办法，他知道该给什么样的人送玉佩，给什么样的人送帛绸，给什么样的人送小米，更知道在什么时候送出去。

身为一个国企老总，弦高的政治敏锐性远比商业头脑更强。为什么呢？春秋的私人企业很少，一般的财产及经营行为都属于国有。挣钱首先是为了国家，没有国，就没有家可言。比如郑国，本身就是一个大家族，这里所有的土地财产都属于开国国君郑桓公。他死后，就都归他的后代——后来的郑国国君。这些国有财产然后又一层层被分封给郑国国君的亲戚、族人，他的大夫、卿、士等贵族都是由国君的后代繁衍出来的。就像一棵大树，国君是树干，公子王孙、士大夫就是大大小小的树枝，那些和国君没有亲近关系的就是树叶——庶民和奴隶了。弦高就应该是郑国的贵族之一，他在为郑国国君赚钱。赚的钱大部分归属公家，当然，也会有他一部分。这样，多劳也能多得，赚钱多了他得的分成也多。重要的是，作为一个国企老总，实际上也是一个官员，他不是一个小商贩，讲政治、爱国家是他分内的事。实际上，在春秋时代，只要一个人有庶民以上的身份，他就会爱这个国家。因为一旦国家灭亡了，大部分人都会成为别国的俘虏，接着就变成了奴隶，那样可是很可怕的。所以早些时候郑国被晋、秦两国包围，郑文公请求烛之武出山退敌时，就跟他说：“然郑亡，子亦有不利焉”。[1]

弦高一看到四百辆军车组成的队伍浩浩荡荡的向东行进，就感到大势不好，向东除了去郑国还能去哪？再说，也没有听说两国要举行联合军演呀。这里面必有猫腻！不愧为头脑灵活、反应迅速、做事果断的国企老总。弦高就和别人分析研究：“师行数千里，数绝诸侯之地，其势必袭郑。凡袭国者，以为无备也。今示以知其情，必不敢进。”弦高命人把牛群赶向一边，派人急忙打听，很快得到了惊人的真相：秦兵要偷袭郑国。他立刻一面派人火速回郑国报告消息，一面找到秦军统

春秋知名国企老总：弦高

帅孟明视、西乞术。他自我介绍说：“我是郑国的使者弦高，郑国国君听说贵国军队要来郑国进行军事交流，特意派我前来迎接，并且还备了十二头牛作礼物，还望将军笑纳。”弦高的一句话立刻将秦军将领完全秒杀。几位秦帅现在都傻眼了，这还偷袭个鬼呀，打道回家吧。空手而归也太丢人了。这里不是滑国地盘吗？他们的领导连个头也不露一下，把它灭掉算了。原本计划消灭郑国的秦军，被弦高意外救了生。弦高因而声誉鹊起。

其实，多年以来大家对弦高的身份和地位一直存在着错误的理解。弦高已经多次申明：我不是牛贩子，我是国企老总，爱国是我的责任，郑国就是我们家的，不要再表扬我拔高我了，行吧。

2013-04-18 07:55

注释

(1)《左传·僖公三十年》

秦穆公的美人计

秦国尽管也是周朝的封国，但对周王朝的那些僵化礼仪并不感兴趣。比如在君位传承上，他们想怎样传就怎样传，根本不在乎周王朝传给长子的规矩。秦穆公以前的几个国君都把君位传给了弟弟，正是因为这样，秦穆公尽管排行老小，还是得到了做国君的机会。等他哥哥把君位传给他时，他已经人到中年了。当了多年地位低下的庶公子，秦穆公对秦国的真实状况了如指掌，他知道该怎么对症下药治理国家。加上他又是个很厚道的人，接班以后使国家很快走上了快速发展的轨道。

说实话，当时诸侯国君里面像他那样厚道的人真是凤毛麟角。他很务实，一点都不虚荣。晋国国君晋惠公反复欺骗他，他都没有跟他一般见识；秦军打几次大败仗，他都把责任揽在自己头上；他还能和又老又落魄的百里奚促膝长谈。他知道自己的国家条件不是很好、位置又偏僻，所以就踏踏实实埋头理国。他显然有一种“战战兢兢，如临深渊，如履薄冰”[1]的创业态度。

用美人计好像不是他的长项，但为了从对手那里挖到心仪的人才，他毫不犹豫。这时候如果需要，相信他连女儿也敢送出去。

秦国西部毗邻的是一个野性比较强的国家——西戎绵诸国。这个国家经常骚扰秦国，秦国疲于应付。两个国家打得都没有劲了，就开始讨论和平。一次，绵诸王就派了一个“中原通”由余出使秦国。由余虽然生活在绵诸国，但他完全熟悉中原的文明，因为他的先辈在晋国，后来为了躲避战乱才逃到绵诸国。由余拜见了秦穆公，两人竟一见如故，进行了一场深度交流。秦穆公说：“中国以诗书礼乐法度为政，然尚时乱，今戎夷无此，何以为治，不亦难乎？”由余笑道：“此乃中国所以乱也。夫自上圣黄帝作为礼乐法度，身以先之，仅以小治。及其后世，日以骄淫。阻法度之威，以责督於下，下罢极则以仁义怨望於上，上下交争怨而相篡弑，至於灭宗，皆以此类也。夫戎夷不然。上含淳德以遇其下，下怀忠信以事其上，一国之政犹一身之治，不知所以治，此真圣人之治也。”秦穆公自豪地认为东方的礼仪为政很有用，由余则毫不客气地拍砖说那一套已经成了骗人的把戏。没有忠信厚德，那一套只会更加害人。

这一谈不要紧，秦穆公感觉遇到了一个不可多得的人才，一定要把他留下来。但是强留肯定不行，秦穆公就向内史廖问计。内史廖说：这个事可以慢慢来。不如先把由余挽留在这

秦穆公的美人计

里，先找些理由不让他走。然后，再想办法让绵诸王疏远他。绵诸王喜欢美女与歌舞，我们可以挑选培训一些能歌善舞的美女给他送过去，让她们迷惑他。一旦绵诸王沉溺声色之中，慢慢地就会忘掉由余甚至是他的国家。由余就有办法留下来为秦国效力了。秦穆公听后满心欢喜，立刻采纳了这个建议。

秦穆公让内史廖专门在全国挑选了一批年方二八声色俱佳的美女进行了专业化系统化培训，然后，隆重地送给了绵诸王。绵诸王很快被这些举止优雅、功夫老道的东方美人迷得神魂颠倒，国事家事天下事从此一概抛到了九霄云外。这时，秦国才放由余回国。由余看到国王现在的这副德性，知道已经中毒很深。他一次又一次向国王进谏，希望他能够清醒过来，关心国事。但是，训练有素的美女们轮番勾引已经让他不能自拔，绵诸王哪有那么高的觉悟和理性？不久他就对由余的唠叨厌烦了，不愿意再和由余面见。

这时候，秦国立刻抓住机遇做由余的思想工作，拉拢由余。一个排斥，一个拉拢，由余顺理成章地投奔到了秦国的怀抱。当然，由余反过来帮秦国对付绵诸王，对于秦国来说，那会是什么样的收获啊！秦国很快灭掉了绵诸国。所以，为了一个由余，秦国费了这么大周折，但秦穆公最后还是说：值！

2013-04-23 15:45

注释

(1)《诗经·小旻》

单襄公教你如何观察人

单国是一个很小的诸侯国，在今天的济源市附近，估计还比不上孟津县大。在一百多个春秋诸侯小国中，单国之所以有一定的知名度，多半是由国君单襄公提升起来的。

国小事务少，又是周王室的近亲，单襄公就可以长时间在周王室那里兼职。这一机会让他见多识广，所以和诸多大国的国君相比，单襄公眼界更开阔、心胸更宽广。因此，他也练出了一双目光锐利的眼睛。他以自己的观察思考总结出了生活的规律：细节可以看成败。

早在公元前601年，单襄公受周定王委派，前去宋国、楚国等国聘问。路过陈国时，他看到路上杂草丛生，无法行走；池泽不修堤坝；河道不架桥梁；边境上竟没有一个迎送宾客的人。田野里的谷物露天堆放着；打谷场没有修整完毕；路旁没有种植作为标志的树木；田里的庄稼长得像茅草；百姓被征调到夏氏的家修建高台去了。到了国都，听说陈灵公跟大臣一起去了寡妇夏姬家，去时还戴着楚国最时尚的帽子，却把周天子的使者冷落到一边，不闻不问。主管工程的司空不巡视道路；膳宰不向宾客供应肉食；司里不给宾客安排馆舍；国都里没有宾馆；郊县没有旅舍……单襄公并没有见到这位花花公子，就对他的未来下了定语。回到京城后单襄公跟周定王说："陈侯本人如果没有大的灾难，陈国也一定会灭亡。"

尽管当时晋国十分强大，但单襄公看到"晋厉公屡行不道"，[1]依然瞧不起他。惹不起躲得起，他选择敬而远之。虽然没有交往，他还是看到了晋厉公的将来。在柯陵盟会上，单襄公观察到晋厉公的一个细节：走路时眼睛望远不望近，脚步也抬得高高的，心不在焉。再看看他的大臣们，个个说话很冲，而且总是绕弯子一点也不坦荡。于是单襄公就预言说："晋国要出事了。"

他很喜欢晋国的另外一个公子晋周，也是依据对这个青年小生在一些小事上的观察。晋周当时只是一个不起眼的庶公子，他的老爸在朝中也不是最有权力的贵族，但单襄公特别看好他。

晋周年轻时曾被派到周王那里进修学习。晋周进修时，侍奉过单襄公。单襄公观察这个青年的举止，便对他有了这样的评价："立无跛，视无还，听无耸，言无远；言敬必及天，言忠必及意，言信必及身，言仁必及人，言义必及利，言智必及事，言勇必及制，言教必及辩，言孝必及神，言惠必及和，言让必及敌；晋国有忧未尝不戚，有庆未尝不怡。"[2]何等完美！

单襄公教你如何观察人

他把晋周夸成了一朵花，觉得这个年轻人身上几乎没有缺点。

后来自己病重时，就把自己的儿子叫到病床前，叮嘱说：“我给你找到一个好的榜样，他是晋国的公子晋周。你一定要和他处好关系，这样将来你即位后才能赢得晋国的支持。他将来一定会领导晋国。”儿子还没有看出来，就问：“为什么？”单襄公说：“据我观察，人的美德有十一种：敬是恭谦；忠是诚实；信是信用；仁是慈爱；义是节制；智是德行的寄托；勇是德行的表率；教是德行的教化；孝是德行的源泉；惠是德行的恩惠；让是德行的运用。——效法上天才能敬，遵循心意才能忠，反躬自省才能信，爱护他人才能仁，处处利人才能义，善于处事才能智，循义而行才能勇，明辨是非才能教，尊奉神灵才能孝，慈爱和睦才能惠，谦待同僚才能让。这十一个方面的优点，公子周都具备了。”

到后来，单襄公的这些预言都成了现实。他并不是靠算卦和预测，显然他充分运用了自己的眼睛和大脑，他善于观察细节，总结规律。看那些国君，没有和他们见面交流就能断定他们的未来风险，看晋周，通过言行举止就知道他的光明前途。对人研究得那么深、那么透，功力相当了得，智慧相当深远，让人们不得不由衷佩服。

2013-04-27 22:03

注释

(1)(2)《国语·晋语二十六》

贪婪土壤里的廉洁禾苗：孙叔敖

经过周朝的分封，尤其是进入春秋时期后，庶民有了更多的人身自由，生产力又得到了很大的发展，更多人告别原来苦难的生活变得衣食无忧。周礼失去了约束力，人们精神上也进入了一个非常自由的时代，贵族们生活得更加踌躇满志。由于没有新的精神寄托，贵族们生活的目标便更加简单现实。物质上的享受就成了解决思想迷茫问题的第一良方。所以，大家有一百个理由贪钱好色、享乐人生，甚至不忠不义。人们享受虚假的表面自由，放纵心中的无穷欲望。可以说，这是春秋主流群体的时尚追求，是春秋贵族的首要选择。但是，这不意味着他们真的生活得幸福，他们并没有找到生活的真正方向。也正是因为这样，春秋列国才日渐沦落。

贪财是很典型普遍的。有社会地位的王侯贵族在这些方面表现得大胆明显，为各国百姓起了典型示范作用。田地田产是那时财富的代表。国与国的战争、家族间的恩怨接连不断，大多都与田产相关。有功的人最受关注的赏赐就是得到多少田产。众人对玉器的贪婪追求也是人们贪财的明显写照。虞国的国君因为得到了晋国送的美玉，连亡国这样的危险都看不见了。受贿之后立马为晋国攻虢国让了道，结果自己也一同被人家灭掉了。人们只管不择手段地追钱求利，享乐人生，而不考虑将来的风险和困难。老百姓在贵族们的影响下也狂热地寻求发财之路。宋国就出现了一个“宋人献宝”的故事，一个庶民甚至认为阳光的作用是他发现的，想把它献到国君那里领赏钱。郑国也出了一个叫邓析的小混混，他不择手段地欺骗百姓，诈百姓的钱财，“以非为是，以是为非，是非无度”，[1]搞得国相子产焦头烂额。

迷色是不受到约束的。那是一个男尊女卑的时代，女人一般也是礼物和赠品。这种状况更助长了成功男人的好色。重耳在逃亡途中还能找那么多女人，到了秦国，秦穆公喜欢他，一下子又送给他五个女子，他都笑纳了。至于齐桓公，一个英雄人物，做了一国国君还能公开大胆地对别人说他很好色，搞得后宫中的女子们无法出嫁。齐襄公甚至能和自己同父异母的妹妹长期通奸，而当时并没有受到人们指责。所有这些只能说明，色欲在春秋是没有禁忌的话题，社会规范在这方面没有上限。春秋的女人尽管没有地位，但也毫不含糊。不管在哪个诸侯国，宫廷的风流韵事都没有中断过。不能不说，春秋的人民真的对此够包容了。

物质享受也是人们的最爱之一。追求享乐的国君比比皆

贪婪土壤里的廉洁禾苗：孙叔敖

是，变着法享受的国君也不乏其人。为享受而惨死的国君可谓是前赴后继。为什么后面的国君不能从前面的国君悲剧中惊醒？为什么还要重蹈覆辙？晋灵公享乐送了命，齐庄公也享乐送了命，楚灵王还是享乐搞坏国家自己送了命，到了楚平王还是没有改——无法想象，享乐人生的魔力为什么那么大？为什么不能控制？

不忠不义已成潮流。没有多少人再认真地追求忠义思想。流传下来的春秋时期典型的忠义故事有很多都是后人加进去的。春秋时的众多贵族根本不会太多想这个问题。晏子算是一个责任心比较强，比较忠于国君的人，但也不在意所谓的忠和义。庄公被杀，他不去跟着殉死，后来也没有谁批评。这个时代没有多少人为国君殉死，大家都这样，谁也不会受到指责，因为没有那样忠义的概念和氛围。春秋这几百年里，有很多国君被杀，忠义思想已经荒芜应该是一个原因。宋国的大夫长万，遭到无良国君的嘲弄，一怒之下就能杀掉国君。所以，孔子看到这样“沉沦”的世风，急得抓耳挠腮，到处奔波劝说贵族们快些想办法拯救社会。

而这样贪婪的土壤、污浊的世风并没有熏黑孙叔敖，不仅如此，他还能以自己的修养辛勤播种廉洁和正义。

先想到别人，先考虑别人的利益。孙叔敖做令尹以前就一直是这样做事的，他少年斩蛇的故事最能印证这一点。小时候他在野外遇过到一条双头蛇。按照当地的传说，人遇见这样的蛇就会死掉。孙叔敖很恐惧，想到自己肯定是不行了，但此时他立刻又想到了别人。他想，不能让别人再看见这条蛇，不能让它再害别人，就杀掉了蛇并把它埋了起来。当他哭着回家把这件事告诉给他妈妈时，妈妈对他的举动非常自豪。这样危险的时候先想到别人，不应该是一种偶然闪出来的念头，这也许是家中成功教育、家长熏陶的结果。

长大后，孙叔敖并没有主动去求官。因为父亲做官被斗越椒杀害，跟着母亲逃难到梦泽，在那里耕田种地，过起了庶民的生活。后来楚庄王经人推荐后发现了他的才能和品德，就直接让他做了令尹。为做到这样的高官，许多人用尽毕生精力去追求，追求到之后则必脸有得意之色、心有盛气，而孙叔叔一下子就当上了，好像却没什么感觉。任职十多年间，他励精图治，廉洁奉公，政绩卓著，百姓安居乐业。他坚持“位已高而意益下，官益大而心益小，禄益厚而慎不取”的理念，[2]楚庄王多次赏赐他，都被他回绝了。所以虽然身为国相，他家里一直家徒四壁。他去世后，家里穷得连埋葬他的棺材都备不起。不结党，不营私，他一直在为别人做奉献，唯独没有想到自己。没有专门人员深入浅出的道德教育，没有组织部门进行“重点”培养，那时的社会也能孕育出这样的道德高人，不知道该怎么解释。不过有一点可以确定，楚庄王没有说是因为他领导的好，国家才出了这等高人。

孙叔敖死后家人没了经济来源，家中一贫如洗。他的孩子只得上山砍柴谋生。楚庄王听说后感慨得老泪纵横，要封他做大夫，儿子受父亲嘱咐不做官，楚庄王就封给他地。孙叔敖考虑得很周全，对此也已留下遗言：只能接受最贫瘠的土地。孩子接下封地，总算过上有了保障的生活。后来的韩非对此很有感慨地说：“按照楚国的规定，封地只能享受一代人。但由于孙叔敖挑选了一片没有人愿意要的贫瘠地，才得以让子孙世世代代长时间拥有这片土地。孙叔敖真是很有眼光。”韩非从投机的角度这样小看孙叔敖，有点让人不可思议。因为从孙叔敖的做人来看，他好像不会投机，他是看得长远。他接受贫瘠的土地，肯定不是为了把地产多占有几代，更应该是为了把好的土地让给别人。

他的人生观高远程度远远超出了众人，才形成了他那令众人只能望其项背的贤良、廉洁。作为一个为国家、为社会作出很大贡献的人，孙叔敖得到的物质回报少得可怜。但这个世界伟大的地方在于，它总会有办法对得与失进行平衡。孙叔敖舍去了诱人的物质财富，社会就把特别的回报送给他。孙叔敖刚去世的时候显得很“寒碜”，可后人们则争相纪念他。为他修整墓园，唯恐墓园占地太少；给他建立纪念馆，担心纪念馆把他的材料收集得不够充分。没有人敢不把他的故事当作美谈。

土壤和空气越污浊，孤单孱弱的禾苗会越显得有丰采、更清新。

2012-11-28 16:10

注释

(1)《吕氏春秋·离谓》

(2)《说苑·敬慎》

战车司机伤不起

两个国力旗鼓相当的小国，宋国和郑国在春秋中期曾经发生了一场非常滑稽的战争。战争的原因是郑国在楚国安排下讨伐宋国。

楚国进入楚庄王治理时代，国力迅速上升，实力很快大于晋国。晋国虽然还是名誉上的诸侯霸主，但已是矛盾重重，只剩下吃晋文公留下的老本了。敢于问鼎周王的楚庄王自然会向晋国发出挑战。楚庄王把国内的混乱局面摆平后就带着强大的军队开向了北方。夹在晋国和楚国间的小国郑国，经不住楚国的强大压力投靠了楚国。接着，楚国想让宋国也背晋朝楚，而宋国不答应，于是楚文王就让郑国攻打宋国。本来，郑国实力并不比宋国强大多少，如果没有楚国参战，郑国并不一定能够得胜。但是，宋国出现的一个小小的意外，让郑国不战而胜。

当时，宋国军队的元帅是华元。他为了取得战斗的胜利，在战前对士兵进行了动员犒劳。天气比较寒冷，他让人杀羊做了羊肉汤，自己亲自分发给士兵，鼓舞士气。喝了羊肉汤的士兵士气都很高涨，充满了必胜的信心。两军作战刚刚开始，士兵们都在摩拳擦掌准备战斗的时候，让人惊呆的一幕出现了：华元的车夫驾着马车直接冲向了敌人的阵营。在人们不知所措之际，敌人已经俘虏了华元。主将被俘虏了，士兵还打什么仗，宋国军队立刻溃败。可怜的华元，白白浪费了一顿羊肉汤。

后来人们才发现，这个马车夫在这次战斗中起了决定性的作用。

那时候战斗都是在马拉的战车上进行，主要就是战车之间的战斗。由一个人专门驾马车，车上别的官兵进行作战。居中的是驾驭马车的御者，我们不妨叫他战车司机。作为元帅，华元有一辆自己的专车，也应该有一个专门的车夫。看来他还没有真正了解他的车夫，不知道他的车夫是个什么样的人。他的车夫不是一个间谍，也没有预谋要背叛宋国，只是因为战前没有喝到羊肉汤，一怒之下就把战车开到了敌营中。原来，华元在犒劳士兵时，把自己的马车夫给忘记了。没有想的是，马车夫居然做出这样举世皆惊的举动。

到底这是一个什么样的马车夫？为什么忘记犒劳司机会出现这么大的漏洞？战俘华元一直在为这两个问题纠结。也许后来至少能得出这样的结论：世风日下，人们太缺少忠诚、奉献意识。整个周王朝都是一团乱象。诸侯不尊重、不忠诚周王。诸侯国内更是乱象叠生。没有多少人在坚守诚信、忠义之道。

战车司机伤不起

大家都在赤裸裸地追权求利，甚至没有起码的行为操守和准则。他被俘后，那些昨晚才喝过羊肉汤的官兵们也都立刻作鸟兽散，没有任何人前来拼杀救他，真是让人寒心。人们都笑话先君宋襄公迂腐，但是宋襄公战败时却有一帮手下死死保护他。现在呢？遇到危险大家都比兔子跑得还快。不过，贴身的司机做出这等雷翻人的举动，还是让人无法接受。

没有犒劳自己的司机，这是一个小得不能再小的细节，居然也能决定一场战斗的胜负。战前也下了不少工夫，做了不少战斗准备，怎么会想到，因为一碗羊肉汤他竟敢赌气把战车开到敌人阵地去。哎，用人不当呀！让这样的人当自己的司机，实在是用人失察。细节啊细节，大家都知道细节决定成败，那也不一定能够把细节都考虑出来。无奈，这段历史只能由一个战车司机来写了。

不知道马车夫最后是否得到了郑国的奖赏，是否喝到了郑国的羊肉汤。他可是把宋国害惨了。宋国赶忙用重金去赎这个大战俘。据说为了赎回华元，宋国用了一百辆兵车、四百匹毛色漂亮的马。不幸中的万幸是财物还没有送完，华元偷偷跑了回来。

这次最窝囊而又令人啼笑皆非的失败足够华元下半辈子回忆的了。因为犒赏时忘记了自己的车夫，就被车夫恼羞成怒把自己拉到了敌营，恐怕是千年一遇的奇事吧。

2013-03-07 17:23

为爱私奔的春秋达人

申公巫臣（也叫屈巫）是楚庄王的贤臣，为楚庄王出了不少好主意。但让他更出大名的地方在于，他是春秋时期少有的求爱达人。他的求爱经历带有十足的传奇色彩，又产生了强烈的悲喜交加的结果。为了得到心爱的女人——一个蹚过N条男人河的女子，他居然弃家离国，最后成功与女人从楚国私奔到了晋国。

让他神魂颠倒的女人是谁？是郑穆公之女夏姬。有意思的是，在屈巫之前夏姬已经有过七个男人。这位倾国倾城的绝代美女没有出嫁前在郑国就和国君家的公子蛮私通，私通三年，公子蛮早死，她被嫁给了陈国的大夫夏御叔为妻。不幸的是，不久夏御叔又死了，丈夫死后她还非常年轻，寡居在陈国的一个大庄园里。满园春色关不住，她很快就迷倒了陈国大夫孔宁、仪行父还有陈国国君陈灵公三人。陈灵公君臣三人居然同时和她保持了长时间的乱情生活。他们的这种生活让夏姬的儿子夏征舒无法容忍，他杀了陈灵公，却因为杀君招来了楚庄王

的干涉。楚庄王兴师问罪，处死了夏征舒。此时，夏姬的美艳又勾起了楚庄王的欲望。楚庄王想纳夏姬为妃时，巫臣吓唬他说："不可。君召诸侯，以讨罪也；今纳夏姬，贪其色也。贪色为淫，淫为大罚。《周书》曰：'明德慎罚。'文王所以造周也。明德，务崇之之谓也；慎罚，务去之之谓也。若兴诸侯，以取大罚，非慎之也。君其图之。"[1]为了吓退老板，巫臣引经据典，费尽心思，庄王一听，果然打消了这个念头。看到庄王放弃了，也迷上夏姬风情的司马子反就想把她要过来，申公巫臣忙又忽悠他："是不祥人也。是夭子蛮，杀御叔，弑灵侯，戮夏南，出孔、仪，丧陈国，何不祥如是？人生实难，其有不获死乎？天下多美妇人，何必是？"[2]连珠炮似的反问把司马子反又吓退了回去。这时候，巫臣可能已经身陷情中了，但在楚庄王面前他还没有机会表露，只有先想办法让国君、子反放弃占有她。不料楚庄王把夏姬赐给了年老丧偶的老将连尹襄老。襄老已经是夏姬的第六个男人了，所幸襄老已经老迈年高，让巫臣还有盼头。真是"有心人天不负"，不久，襄老在和晋军的作战中殉国，巫臣知道后可能连做梦都会兴奋地笑醒。据说夏姬不久在后方又迷倒了襄老的儿子黑要，黑要成了夏姬名不正言不顺的第七个男人。该传言没有影响巫臣的心情。这个时候，年近四十的夏姬依然是风韵十足，不减当年。久慕夏姬美艳的巫臣开始悄悄地落实自己的求爱计划了。

巫臣先派人给夏姬送去消息说："你回娘家郑国去，我将娶你为妻。"然后他又想法让郑国熟人对夏姬说："夏姬你亲自来，我们才能把战死的襄老尸首还给楚国。"在楚庄王面前，巫臣则极力诱导楚庄王答应夏姬归郑。几方布局成功之

为爱私奔的春秋达人

后，巫臣借出使齐国的机会绕道郑国，在驿站馆舍中与夏姬相会了。可怜的巫臣，费尽心思浇灌出的爱情之花终于绽放了。

巫臣出使齐国完成任务后，就让手下带着他给楚文王写的一封辞职信回去，他则带着夏姬投奔了晋国。由于他的身份和能力，晋国任他为邢大夫。在他的老家楚国，楚文王放过了他，但一直对他耿耿于怀的子反等人，后来还是找借口把他的家族全部灭掉，把他的财产也瓜分了。这个代价对他来说也够惨重的。

为了一个这样经历复杂的女人，巫臣却做出了这等离经叛道的举动，以至于后来不少人认为巫臣是个很好色的人。实际上远不是这么回事。能做到这般地步，正说明了他专注于自己的爱情，或者说他在爱情上够单纯。如果巫臣是个好色的人，他不会对一个女人这样执着。他没有必要也做不到。一个好色的男人是难以做到对一个女人专一的。他前面的那几个人，包括陈灵公、孔宁等人，才是沉溺于夏姬的美色和风情，没有真正的爱情可言。关于巫臣，可能是他见到夏姬之后一下子被她的某一方面所震撼。由此，他失去了感情的平衡，走向了极致，陷入了对夏姬的完美爱情之中而不能自拔。他在夏姬面前丧失了自我。不管是对是错，这一非同寻常的行为证明了巫臣应该是一个狂热的性情中人。

为得到夏姬，巫臣等了十多年，而且想尽了各种办法，得到了很多也失去了很多，应该是一个地地道道的爱情达人了。

2013-01-09 11:53

注释

(1)(2)《左传·成公二年》

羊舌职治盗方案的真正看点

晋景公在位时，国家灾害频发。庄稼经常歉收，百姓们饥寒交迫、生活艰难，以至盗贼猖狂。特别危险的是，出现了一批“凭借老到的计谋、过人的本领以及先进的欺骗和隐藏能力”行窃的潜行者。人心开始动摇，社会的稳定眼看受到了冲击，晋景公坐不住了。他要治盗，就想起了老战将荀林父。荀林父想，这还不易如反掌吗？于是信心百倍地把这桩差事揽了下来。他立刻在全国范围内寻找抓贼能手，很快物色到了一个高手。这人的确有两把刷子，一上任就显示出了不凡身手，每天都能够抓到数十个盗贼。

当人们都在为他庆贺的时候，羊舌职却忧心忡忡地说：“恐怕盗贼还没有抓完，他就没命了。”果然，没几天一伙盗贼把他给杀掉了。晋景公听说羊舌职的叹息后，就召见了他，问他还有什么好办法。羊舌职回答说：“如果想除去草，用石头压是压不住的，应该从根子上找办法。只抓盗贼就不能从根子上解决问题。如果找一个品德高尚的人以善行教育他们，让他们知道偷盗是耻辱的事情，他们就不会再做这样的事了。”使好人沦落成为盗贼的根本原因是人的素质，人的荣辱观没有教育好。只有做好教育工作，才能治理好这一问题。

现在看来，羊舌职治盗的办法并不难想到。在这件事上，羊舌职做到了不就事论事，不只看事情的表面，而是看到了事情的实质。第一，人会变成盗贼，主要是由人的因素形成的，需要弄清良民成为盗贼的原因。第二，一旦盗贼成众，盗窃成风，成为了一种强大的势力，再靠一两个人来解决是不可能的。所以，要从根源上下工夫，铲除掉产生盗窃的土壤。

但是实际上，看到问题与能够解决问题往往是两码事。通常的焦点在于：看到问题后能够解决问题，才是了不起的事情。出现盗贼成风这样的问题已经不是一个小问题，即便找到了正确的方法，解决它时也会遇到很多困难和阻力。这就需要拿出智慧和勇气，需要有足够的耐心和时间，最重要的是，需要先进典型的引领。羊舌职看到问题不容易，但更难的是看到了，却不一定能够解决。羊舌职当时就说，这个艰巨的任务自己做不好，只有德高望重的士会才能完成。“其为人，言依于信，行依于义，和而不谄，廉而不骄，直而不亢，威而不猛，君必用之”。用他的品德和影响力，去做那些老百姓的工作，才能让他们放弃偷盗，甘当良民。果然，士会一出马，盗贼猖獗现象得到了彻底改观。晋国的小偷们不好意思再呆下去，纷纷逃往秦国去了。羊舌职评价他说：“吾闻之，‘禹称善人，

羊舌职治盗方案的真正看点

不善人远’，此之谓也夫。”[1]

可见，真正的难点还在士会这里。能做好这项艰难工作，啃下这个硬骨头的，只能是士会。这就是羊舌职治盗的真正看点。从实际工作上看，与其说是羊舌职治盗，倒不如说是士会治盗。

那么，士会治盗靠的是什么？靠的就是君子治理的理念。没有切实稳定的法制，没有公平可信的法制，只好提倡并带领大家都来做君子不要做小人。这是中国治理社会的一个重要传统方式。这样做的前提是必须找到像士会这样的君子。然而，在实际生活中，这样的先进典型实在是太少了。偌大一个晋国，就算有几个士会够条件，而那么多大臣贵族却不能起到引导作用。这样，即便是士会有足够的精力和耐心，所能完成的工作量也很有限啊。再说，如果其他人在花天酒地，为所欲为，难道对士会的教育效果就不会产生负面冲击？老百姓不会都那么二缺和单纯吧，老百姓也不会都那么高尚吧。

往后看，君子治理的效果最终还是十分有限。不知道士会做的怎样，只是后来，有很多先进的典型引导慢慢地都成了一种艺术表演。既然是表演，那百姓也只好充当真正的观众了。

2013-01-15 21:11

注释

(1)《春秋左传·宣公十六年》

赵氏孤儿案

一个凄美的谎言

赵氏孤儿的传奇故事是在司马迁的《史记》中最早记载下来的。它讲述的是，在晋景公三年，晋国忠臣赵盾的后代赵氏家族遭到了奸臣——时任大司寇屠岸贾的报复，被满门抄斩。这时，赵家还有一个婴儿即将出生，婴儿的母亲赵庄氏（也叫赵庄姬）因为是国君的姐姐，居住在宫中而避免了杀戮，但是屠岸贾不肯放过这个婴儿。如果这个婴儿是个男孩儿，屠岸贾将会把他杀掉，以彻底灭掉赵家之门。这时，赵家的一个门客公孙杵臼还没有死，又遇到了赵盾的挚友程婴。两个人一商量，居然想出了神话般悲壮的营救计划。如果赵家生出的是男婴，他们就用一个婴儿顶替他，让公孙杵臼带着假的赵家后代逃避起来，而程婴则扮演一个叛徒的角色，带领不甘罢休的屠岸贾把公孙杵臼和婴儿抓住杀掉。他自己则领了屠岸贾的赏钱，带着真的赵氏孤儿隐藏到了大山里。果然计划如期实现，他这一藏就是十五年。十五年后，在大臣韩厥的帮助下，晋景公让这个已经长大的赵氏孤儿赵武继承了赵家爵位，接着又清洗了屠氏家族。完成了使命的程婴居然此时选择了自杀，以非同寻常的忠义之举为自己的完美形象划了一个句号。以后的许多版本故事情节虽然有所变化，但都是以这个记载为基础。

这个故事可以说是既悲壮异常又高潮迭起、惊险刺激。这样起伏跌宕的情节让多数人做梦也无法想象出来，轻而易举地就能掩盖了人们对它真实性的怀疑。但是，仔细查阅春秋的史料，分析了解春秋的形势，就会发现它还真有不少疑点。第一，《史记》上说这是屠岸贾的私自行动，晋景公并不知道这件事。然而他只是一个大司寇、春秋时的大司寇并没有多大的实权。他自己有什么能力私自行动，对赵家这样在朝中占有相当分量，又掌握着兵权的家族进行清洗？他们的家兵可是有很多啊，而且不会恰巧都在一起等他解决吧。同时，斩草除根灭绝家门的极端行为在春秋时期不是很多，大多数情况是杀了当事者或仇人，而对于没有犯罪的后代并不追究责任，否则的话会引起大家的公愤。即使有，命令也基本上是由国君下达的，一个没有兵权、爵位并不很高的大司寇对别的家族搞清洗很不靠谱。另一方面，赵家并没有对屠家进行过清洗，屠岸贾为什么会下如此狠手呢？况且屠岸贾以前似乎只是一个玩主，后来是不是变得这样凶狠还难以确定。第二，赵庄氏，一个怀孕的女人为何恰巧待在宫中，既然待在宫中，又是国君的姐姐，

赵氏孤儿案

难道就保护不了自己的小孩？况且国君还不知道杀戮这件事？第三，这样一桩大血案怎么能瞒得住国君晋景公，让他在多年时间里对此不闻不问？在司马迁的记述里，晋景公十分昏庸，而在很多历史资料中，晋景公并不是昏君一个。即便他是个昏君，国中发生这样的大事，他也不会被蒙在鼓里吧。另外关于这场惨案，在同一书中不同的地方，《史记》所记它发生的时间也互相矛盾。在《赵世家》一章中说它发生在晋景公三年，即公元前597年，而在《晋世家》、《史记·十二诸侯年表》中均明确记载，它发生在晋景公十七年（公元前583年）。

再看了《左传》的记载后，才发现事情远不是这么一回事。左丘明的《左传》真实性是大家公认的，而它又是相对及时的记录，写在春秋时期，而司马迁的《史记》则晚了几百年。所以对于这个故事，《左传》的可信度应该更高。

它记载的是，（在鲁成公四年）晋国发生了赵婴齐和弟媳（同父异母弟弟赵朔之妻）赵庄姬（也有人说是侄媳）通奸的丑闻。赵同、赵括为了维护家族的声誉，就把赵婴齐赶到了齐国。把相好的给赶走了，赵庄姬因此对赵家怨恨在心，就伺机报复他们。她向弟弟晋景公进谗言，说赵同、赵括想谋反。重要的是，另外两个大家族栾氏、郤氏家族也乐于为赵庄姬作证。在（鲁成公八年）晋景公三年，晋景公下达了对赵家清洗的密令。其实，任务是由栾氏、郤氏家族一起执行的。赵家的婴儿赵武因为和母亲呆在宫中而避免了被杀。实际上，那时赵武已经是一个几岁的孩子了。晋景公随即把赵家的田产赠给了另一位贤臣祁奚。这时大臣韩厥向景公进言说，他们的先辈赵衰、赵盾都是晋国的忠良之臣，为晋国立下了汗马功劳，不应该灭绝他们的祭祀。景公听从了他的建议，就从祁奚那里又收回了田产，交给了赵武继承。这些材料显示，灭门案是政治权力斗争的结果。

《史记》的记载让赵氏孤儿案这一传奇故事完全成了一个凄美的传说。由此可见，赵氏家族灭门惨案有据可查，而那么离奇的经历纯属杜撰。结合更多的历史材料，我们还会发现，赵氏家族和同朝的另外几个大家族一直存在着矛盾。比如，当初晋襄公突然死后，在立谁做国君的问题上，赵家就和其他家族矛盾重重。栾氏、郤氏家族也都是朝中实力强大的家族，很早就对赵家的强势不满。无奈赵家的先辈赵衰为重耳继位立下了太大的功劳，而第二代家族传人赵盾又有高尚的品德，非同寻常的威望。甚至他的侄子赵穿杀了晋灵公，都没有人敢怎么样。接着，赵盾又强势辅助晋成公，赵家继续权倾朝中。虽然赵盾兢兢业业，但因家族势力太盛，人口众多，来往中也免不了会得罪其他家族。赵盾死后，赵氏家族没有了具备高尚品德、可以支撑家族强势的核心人物，致使家族影响力逐渐减弱，这为其他家族攻击他们提供了机会。另一方面，赵家长期称霸朝廷的局面也让晋景公不满。他的父亲晋成公过于倚靠赵家管理国家，赵家势力过强必定使他害怕赵家、反感赵家。可见，赵家与栾氏、郤氏家族产生了很大矛盾，而晋景公对赵家又不喜欢才是事发的直接原因。而通奸丑闻则是赵氏族家被灭门的导火索。整个事件甚至可能和屠岸贾毫无瓜葛。

那么人们为什么要杜撰这样离奇的惨案呢？原因很简单，

想用一个凄美的谎言掩饰一个丑闻，为赵氏家族描画一个好名声，同时也捎带着让晋景公不显得那么残暴。这样的话，这个故事应该是赵家的后代，有可能就是赵武的后代编撰出来的。他最需要这样的故事来重塑赵家的英名。况且，赵氏家族后来更加兴旺，发展成了强大一时的赵国。它们有足够的条件和理由美化自己的族谱。还有一种比较小的可能是，被屠岸贾得罪的哪位君子把这个灭门大案当做一个屎盆子全扣在了他的头上。想一想，当一个大司寇，一个执法者，权力不大但肯定也得罪不少人啊。也许，这两个原因结合在一起。就更有理由弄出这样一个传奇惨案！看看这个故事，除了屠岸贾以外，没有一个是坏人！现在想来，它的不少细节都很有趣，比如“程婴”这个人物名字就编得很有深味呢。

这个故事由于创作的相当成功而成了一个数千年来被人广为传诵的经典传奇。它的艺术魅力已远远超过了它的史学价值。尽管是个谎言，但那份凄美也很能赚人眼泪！

2013-01-30 17:08

屠岸贾的悲剧真相

春秋时期被满门抄斩的家族不算很多，他们很多的刑罚不会诛杀太多人，当一个家族被人复仇屠杀时，他的族人往往会四处逃散，如果被抓住，就会被卖做奴隶。晋国赵氏家族的灭门案看起来最为有名。有名的最主要原因恐怕不是屠杀的血腥或赵家的忠良，也不是诸侯大国晋国政坛的强烈动荡，而是在这个惨案发生后他家的门客公孙杵臼和挚友程婴对赵氏孤儿离奇般地保护上。公孙杵臼和程婴那悲壮跌宕的护婴故事让人们对悲剧的制造者屠岸贾更加咬牙切齿。屠岸贾因此也变得更加臭名昭著。但这一切，只是源于《史记》上的记载。

在以前的历史记载中，屠岸贾是出身于忠臣之家的，他的爷爷和父亲都为晋国立过大功。爷爷屠岸夷是晋襄公的有功大臣，父亲屠岸击也是晋文公朝中的正直大夫。祖上得到了晋侯赏赐的高官厚禄，让屠岸贾顺利继承了爵位。到了第三代上，屠岸家的门风改了。没有什么材料显示屠岸贾是个好人。不过他仅有的不良形象只是善于谄媚国君，国君想要什么他就给弄什么，不问是不是正确。对于屠岸贾来说，即使说他是小人，没有为国家社稷着想，但他是一直在为国君效劳，为国君着想，做国君喜欢做的事。在中国，有太多的人一直在这么做。好像几千年也没有多大改观，这样的小人成群结队。有很多人就是靠做小人起家，掌握了权力后，再发展小人做自己的下线，在权力场建立起牢固的同盟关系。人们之所以对这样的行为趋之若鹜，是因为能得到实实在在的利益。当然，腐败也就是这样形成的，也正是因此才对社会危害越来越大。大家从这里可以看到我们的政治文化是一个什么样的根基。

在那时，屠岸贾和国君的生活环境比较相似，又还很年轻，正适合做小国君的玩伴。在大家看来，屠岸贾只是国君的一条狗而已，他的存在，只是国君快乐的需要。他和他的家族影响力比赵氏家族差太多。而赵家呢，赵盾是对国有功又修养很好的重臣，赵朔则是晋襄公的女婿。赵朔杀晋灵公就是姐夫杀了小舅子。这样，赵盾起初就没有把屠岸贾放在眼里。赵盾的堂弟赵穿在杀掉晋灵公后想把屠岸贾也杀掉，但赵盾不同意。除了不愿杀人太多、不想树敌太多外，赵盾还认为不必害怕他。以他的力量，想灭门赵家一点可能也没有。何况，《史记》上说这个灭门案晋景公不并知情。

退一步说，假定这个灭门案的祸首是屠岸贾，假定他是一个臭名昭著的大奸臣，他也是个悲剧人物。他的无奈在于，他遇到了一个又一个昏庸、甚至也可以叫做小人的国君晋灵公、

屠岸贾的悲剧真相

晋景公。从公平的视角上看，国君昏庸，才是社会产生悲剧的直接原因。由于国君昏庸，才会让屠岸贾这样的小人臣子得势，结果是小人没有那么大的本事，坐在不该坐的位子上把国家搞乱，把忠臣害死。最后再由正义的力量出来，让小人自己也没有好结局，但悲剧已不可挽回。而如果国君是贤明君子，小人根本上不了位，这样的悲剧就可以避免出现了。

权臣赵盾在大事上的软弱无立场也不是没有责任。本来，晋襄公突然死亡后，当时掌握晋国大权的赵盾已决定让前任国君晋襄公的弟弟继任，但顶不住晋灵公母亲的大哭大闹，又改变了主意，让她孩子接了君位。这样大的事情怎么能够说变就变！她孩子什么样？继位时是小孩，狗屁不懂，很可能又没有好的家教。这一改，已为后来的祸患埋下了种子。致使晋灵公像一个魔鬼一样祸害起了国家和人民。他搞得国家民不聊生，怨声载道，又引出了日后一系列的惨案。因为晋灵公根本没有一点治国的能力和德行。

但这时的赵盾已经束手无策。那时人们的观念，有资格的公子只要在国君位置上坐下来，不管他怎么乱来，谁要是反对他，就是大逆不道。这样的歪理邪说也是时代悲剧接连出现的一个重要因素。

赵家杀掉了晋灵公，让晋文公的一个儿子接了班，这就是晋成公。晋成公在位八年，这八年里，屠岸贾没有给后人留下任何为非作歹的故事，而他也没有受到贬谪。这既可以说明只要国君贤明，小人就没了市场，一切就会安稳，或许也说明，屠岸贾不一定就是一个十恶不赦的小人。如果他是赵氏灭门惨案的祸首，可能是他利用了国君对赵家的恐惧和仇视。赵家得罪了国君才是危险的根本，把账算到一个司寇头上，让人觉得是欺小怕大，避重就轻。晋成公死后，晋景公即位。晋景公曾有不敬其父成公的经历，好像也不喜欢力量太强大的赵氏家族。这时屠岸贾得以东山再起，做了大司寇，看来是得到了对赵家清算的机会。但归根结蒂，赵氏家族遭到满门抄斩，主要还应该是国君的主意。

尽管赵盾已经死去，他的后代没有了那么大的影响力，但在这个时候，屠岸贾也没有能力抄他满门。当时，赵家的势力依旧不小，屠岸贾顶多只能借力大臣间的权力斗争和国君不满赵氏家族的意图。要不然，为什么他在任大司寇三年后才开始算账呢？一方面，赵盾死后，赵家的威望和影响力逐步减弱。另一方面，赵氏家族与其他家族的矛盾也开始增加。据《左传》讲，赵氏家族出现了叔叔赵婴与儿媳庄姬私通的事，赵婴的两个兄弟为了家族名誉将他驱逐到齐国，而庄姬由此对赵家怀恨在心，向弟弟晋景公讲赵家密谋造反。同时，赵家与同朝的栾家、郤家又发生了很大矛盾，致使晋景公认为赵家有意叛国，直接导致了灭门惨案的发生。而且在《左传》这里找不到“赵氏孤儿”传奇故事的影子，而《史记》的记载也有矛盾，很多人们都认为根本就没有这桩传奇惨案。但赵家灭门案是真实的。所以或许真相是，屠岸贾只是事件的执行者，只是办手续的人。灭门赵家可能和他没有多大关系。如果有关系，或许是屠岸贾顺水推进了这项工作，顺便公报了私仇。

不管如何，屠岸贾是赵家灭门案的执行者，而且以前与忠良的赵家有矛盾，就脱不了干系。冤冤相报，屠岸贾的命运也应以悲剧告终。但是，在大家的眼里，他仍然死有余辜。大家不会因为国君的昏庸或错误原谅他。因为在中国的文化观念里，君可以不君，但臣不能不臣。大家也不会因为赵氏家族与别的家族有权力斗争的因素而宽恕他。在中国的正统文化里，一个人要么是君子，要么就是小人。如果一个人是君子，谋害君子的人则应该是小人。君子和小人是传统中国观念看人的典型标签。没有证据证明屠岸贾是一个君子，这样，所有的恶账都可以算到他头上，他没有地方可以叫冤。当然，如果屠岸贾该死，可以杀掉他，但赵家接着又对他的家族进行灭门清算，是不是也有点过分呢？是不是也不符合君子的行为呢？这一点旧账，好像再也没有人去翻了。

由于君子和小人的关系被戏剧化，事情的真相往往会被掩盖，历史人物的思想行为也不能全面地显示给后人。能不能弄清楚屠岸贾是个什么样的人已不重要，但是，再不能让“君可以不君”的观念赖在人们心里了。

2013-01-29 13:44

赵庄姬绝非等闲女人

二千六百年前，发生在春秋晋国晋景公时期的赵氏灭门案，被人们演绎成“赵氏孤儿案”后家喻户晓。在这个离奇曲折的案子里，屠岸贾成了人们口诛笔伐的大奸臣，赵家成了令人怜悯的受害者。但无论是正史还是民间传说，不管怎么流传演绎，这个事件里有个女人的作用不可忽视。她就是赵朔的夫人、当时国君的姐姐赵庄姬。

在众多版本的赵氏孤儿案里，赵庄姬多半是一个善良贤淑的传统中国女子形象。赵氏灭门案发生的时候，她一直呆在宫中。她像一个柔弱的女子，十分艰难地保护着自己的孩子。虽然没有人能伤害她，但在风声鹤唳的险恶形势下，她的能力显得相当有限。她没有办法保护自己的孩子，于是保护孩子的重任只能交给赵家的人来担当。

实际上，赵庄姬绝不是柔弱无助的等闲女子。从一些事情上看，她并不甘心过安稳闲逸的传统妇道生活，到底是王宫大院里长大的女子，她有自己鲜明的个性。不管是什么原因，但她确实主动参与了晋国政治权力的斗争，还有办法影响他弟弟晋景公的一些政治决策。

在婚姻上，赵庄姬嫁给了晋国最有势力家族中最有潜力的公子赵朔，这是一桩看似完美的令人羡慕的政治色彩浓厚的婚姻。据记载，赵朔英年早逝，赵庄姬不幸成了寡妇。年轻的赵庄姬还没有找到合适的改嫁对象，耐不住红杏的寂寞，就和丈夫的哥哥赵婴齐（也有说是叔叔）好上了。赵婴齐是赵朔的同父异母哥哥，而且赵朔已经去世，他们的艳情在春秋时期不算什么大不了的事，甚至称不上淫乱或乱伦。如果按照当时的风气，大家都睁一只闭一只眼，不会引出什么祸患。但不知道什么原因，他们两人的私通行为招到了赵同、赵括的强烈干预。赵同、赵括连手把赵婴齐赶出了晋国，赵婴齐投奔到了齐国。赵庄姬美满快乐的私情生活被他们一举击碎，盛怒之下，她把账都算在了赵氏家族的头上。她的行动证明她真不是一个好惹的主，赵朔是不是被她气死的都难说。

此后她从两个方面开始实施了对赵家有计划的进攻。首先，她联合对赵氏有积怨的栾氏、郤氏，共同对付赵家。栾氏和郤氏也是晋国的大家族，但实力比不上赵家，都和赵家的矛盾在不断加深。颇有心计的赵庄姬很快想到了这一点。她编造谎言，说赵家想谋反，让这两个家族将来为她作证这正是两家求之不得的，他们相当爽快地答应了赵庄姬的要求。（此外，在《国语》中还有她想拉拢韩厥的记载，韩厥曾对栾武子说：

赵庄姬绝非等闲女人

当年赵庄姬在他面前曾说赵家坏话，想鼓动他带兵攻打赵家，但被他拒绝了。）接着，她向弟弟晋景公不断进言，把已编造好的赵家想谋反的故事讲给晋景公。晋景公自然不愿意看到赵家越来越强势，本来对赵家势力既心存恐惧又无可奈何，现在正是天赐良机，于是毫不犹豫地作出了清洗赵家的决定。

赵家受到了清洗，赵家人都死于非命。赵氏家族长期苦心经营的网络就这样彻底瘫痪。“黑客”赵庄姬则带着自己的孩子赵武待在宫中没有受到冲击。但是，晋景公下令把赵家的田产财富都给了另一位大臣祁奚。赵庄姬除了解了恨之外什么也没有得到。不知道她这时心中作何感想。按照她的期望，对赵家的清洗对她而言有不少好处。一是实现了对赵同、赵括流放赵婴齐的报复，二是能借机让赵武继承赵氏家族中的财产爵位。到这时她可能会发现，她只是别人进行斗争的一个工具。

幸好后来（也许是赵庄姬做了工作），和赵家关系较好的另一位大臣韩厥觉得这事做的有点太过了，就向晋景公谏言说，赵家毕竟是世代功臣之家，他们的祖先都为晋国立下了汗马功劳，完全剥夺他们的祭祀爵位有点不适合。晋景公此时也已消灭了眼中钉，于是就做了顺水人情，把赵家的爵位还给了赵武，把赵家的田产从祁奚那里又收了回来，交给了赵武——他外甥继承。祁奚则是猫咬肺泡——空喜一场。

一场斗争，最后胜利的还是有权有势的“皇家”啊。

2013-03-20 11:55

有立场的晋国人：韩厥

晋国大夫韩厥一生经历了晋襄公、晋灵公、晋成公、晋景公、晋厉公、晋悼公六位国君。这期间晋国政坛可以说是经常风云突变，但是韩厥一直以坚守正义、遵循大道的立场表现出了持久的淡定从容。他退休之时还对自己过去工作中的不足之处“耿耿于怀”。悼公让他的长子在朝中继承卿位，他让儿子推辞说：“厉公被杀时，我作为公族大夫不能够为公殉难。我感到心中有愧。‘无功庸者，不敢居高位’。”[1]

韩厥的童年应该是相对灰暗的，他赶上了家道中衰。韩氏家族在晋武公、晋献公、晋惠公时代都很得势。到晋文公上台后，韩家因不属于重耳派系而失宠，家庭也因而走向了没落。加上父亲早逝，韩厥无法再生活下去，就投靠了以贤良闻名的赵氏家庭，从此接受赵衰的抚养。此时他也沦落到了家臣一样的窘迫境地。但是韩厥的能力和品德逐渐得到了赵衰的赏识。

赵盾继承了赵家的权杖之后，同样欣赏韩厥，使得他在赵家的身价日日攀升。在晋灵公时，已成为朝中权臣的赵盾推荐韩厥担任了司马之职，执掌军中刑律。韩厥一上任，就显示刚正不阿的原则立场。在一场战争中，赵盾担任中军元帅，他派出的办事人员驾着他的战车在军中横冲直撞，扰乱了行军序列。按照战时纪律，冲撞行军队伍是种严重的罪行。韩厥当即将驾车的人逮捕并依法处以死刑。对元帅的手下这么不给情面，别人都为韩厥担心，怕他得罪元帅。没想到，赵盾对他的铁面无私大加赞赏。韩厥由此声名远扬，此后就一直地担任司马一职，并一直以执法公正无私著称。

韩厥靠自己的立场屹立于形势复杂多变的晋国官场。赵家曾经是他强大的后盾，但他没有依靠赵家的势力追权逐利，而是坚守自己的道德立场做事。他没有得到多少提升，没有大红大紫，同样，在赵家被灭门时也没有受到一点冲击。

公元前589年，齐晋两国发生了“鞍之战”。这个时候，韩厥的力量已经成熟壮大，他执起法来更是毫不含糊。当时郄克为中军元帅，他的手下犯了死罪。韩厥在军中即将按律斩人，郄克知道后即刻驱车赶去，想说情救下。但等他赶到时，死刑已经执行完毕。没有刀下救出人，郄克不仅不敢迁怒韩厥，还要对他的依法处理行为表示积极支持。

在生死瞬间的战斗中，韩厥也显示了作为一名战将的勇敢和谦谦君子的风度。那时打仗，大家一窝蜂都要上，司马也不例外。韩厥冲锋陷阵，遇到战将綦毋张战坏了战车，就让他上到自己车上。这时綦毋张“从左右，皆肘之，使立于

有立场的晋国人：韩厥

后”。[2]韩厥用胳膊肘捣他，不让他站在自己左右两边是为了保护他。因为韩厥前一晚上做梦梦见父亲子舆对自己说：“早晨要避开兵车的左右两侧。”在激烈作战的空隙，韩厥还不忘把被射倒的战士放好。后来，韩厥已经堵住了齐顷公的退路，完全取得了胜利，但对俘虏还是表现得谦虚谨慎、彬彬有礼。对此《左传》生动地描述道：韩厥执絷马前，再拜稽首，奉觞加璧以进，曰：“寡君使群臣为鲁卫请，曰：‘无令舆师陷入君地。’下臣不幸，属当戎行，无所逃隐，且惧奔辟而忝两君。臣辱戎士，敢告不敏，摄官承乏。”[3]韩厥对齐顷公拜了两拜，然后下跪低头至地，捧着酒杯加上玉环来进献，说是自己恰巧遇上齐君的兵车行列，没有地方逃避躲藏才给国君带来了难堪。自己的国君告诫自己不要进入齐国的领土，言行看起来有点虚伪，但这是最典型的春秋礼仪。因为同属于周王的臣下，不管什么时候，不论是哪国国君，臣子遇到他们都要以礼相待。

那时的时局可以说变化莫测、缥缈难定。韩厥自然不止一次遇到大麻烦，但在艰难选择时他从来没有改变自己的立场。赵家被清洗的时候，虽然没有对他如何，但也是对他考验的非常时刻。因为赵庄姬陷害赵氏时想拉拢他，让他带兵一起参与清洗赵家。他曾受恩于赵氏，在赵氏家长大，而且赵家并没有做祸国殃民的坏事。他的品德和教养不允许他这么做，所以他坚决拒绝参与。对此韩厥曾说：“昔吾畜于赵氏，赵孟姬之谗，吾能违兵。”[4]后来晋厉公时期，势力强大的栾氏家族把晋厉公包围起来，想杀掉晋厉公时，召见韩厥让他参与行动。

韩厥又拒绝了。他说："杀害国君来立威，这是我不能做的。对国君施威是不仁，办事不成是不明智。虽然能得到一时好处，但是也会落得一世恶名，这事我不能做。"俗话说"杀老牛莫之敢尸"，更何况杀国君呢？栾氏的同党中行偃对韩厥的不从很反感，就打算讨伐他。栾书阻止说："不可，其身果而辞顺。顺无不行，果无不彻，犯顺不祥，伐果不克。"[(5)]这人生中最艰难的一关韩厥又以坚定的态度熬了过去。

2013-04-29 18:59

注释

(1)《晋语七》

(2)(3)《左传·成公二年》

(4)(5)《晋语六》

厚黑学的祖师爷：公子挥

春秋时厚黑式的人物不少，但鲁国的公子挥当属厚中风流、黑里豪杰，他觉得在庶民士大夫中玩阴使黑还不够过瘾，于是将两个国君当成了靶子。他的皮之厚、心之黑在此展示得淋漓尽致，被认作厚黑学派的祖师爷不只当之无愧，还有屈尊之嫌。他善于玩弄阴谋权术。人生的最得意之笔是成功挑拨了鲁隐公和鲁桓公的关系，从中渔翁得利，得到了梦中孜孜以求的权力。他可能如愿以偿地拥有了人间所谓的荣华富贵，但是，却永远洗刷不掉"阴谋小人"的恶名。那些崇尚"事以密成"的人们，那些信奉厚黑权力的人们，也许没有胆量在阳光之下对他进行叩首膜拜。

他是一个为了私欲而搬弄是非、制造事端的典型小人。在鲁惠公当国君期间做大夫，鲁惠公生了两个儿子，因为小儿子是他喜欢的夫人所生，就决定立小儿子为太子。但他死亡时，

厚黑学的祖师爷：公子挥

太子太小，只得让长子摄政管理国家。长子就是鲁隐公，鲁隐公摄政时期，给了公子挥很大的权力，但是这满足不了他贪婪的欲望。他开始用阴谋手段谋求更大权力。他向鲁隐公谄媚说：“现在鲁国百姓都认为你执政做得不错，你可以自立为国君。请让我帮你杀掉太子，然后你当国君我当国相。”不料鲁隐公是个心地善良为人厚道的君子，对他的阴谋断然拒绝。鲁隐公说：“有先君的遗命在，我不敢违背。以前因为太子年龄小，我不得不摄政，现在太子已经长大，我正准备把政事交给他，自己找个地方养老去。”公子挥在设计这一阴谋时，居然没有看到鲁隐公的人格，可见他没有什么智慧。但是他因为心够阴险，所以在玩弄阴谋上能够出人意料。他会用一个阴谋掩盖另一个阴谋。他害怕他的诡计被太子知道将来找他算账，于是立刻跑到了太子那里诬陷隐公。他对太子说：“隐公正准备自立为君，要赶走你。你赶紧想办法除掉他吧。我可以帮你办这件事。”年轻的太子还没见过什么世面，听后十分惊恐，感激涕零地答应了他。他就等到隐公外出祭祀的时候，在一个月黑之夜，派人杀掉了他。

由此可以看到公子挥是多么地厚颜无耻和凶狠残忍。但是他为什么能够获得成功而又没有被人追究责任呢？这和春秋的政治氛围以及当时的环境不无关系。

首先公子挥谋杀的还不是真正的国君，在许多人看来和弑君性质是不一样的。鲁隐公这个称号是后人对他的尊称，当时他只是奉父命摄政，帮助弟弟看管国家，他的实际身份还只是一个庶公子。这样引起人们的关注度是不一样的。而春秋的规则，一个公子一旦当了国君，弑君才是大逆不道。在没有当上之前，即便是太子，被杀后性质也不一样。

其次，鲁隐公出身于鲁惠公的贱妾，身份比较低。那时候，出身差身份低的公子，在国中一般没有什么权力地位，往往没有支持他们的强大势力，有很多时候甚至被权力阶层的人看不起。所以，他被杀掉后不会引起多大的波澜，没有人站出来鸣不平是正常的。

再者，国家出现这样的丑闻和阴谋也要归罪于鲁惠公。鲁惠公本来要给长子娶夫人，但见到从宋国迎来的那个公主非常漂亮，就自己留了下来。鲁惠公和她生了第二个儿子。鲁惠公抢了自己的儿媳，而生下的儿子又那么小，按情理上无论如何应该把君位传给长子。但他还是执意让老二接班。他把国家搞的如一团乱麻，自然就给了厚黑学者以可乘之机。

公子挥之所以那样肆无忌惮，肯定是看准了隐公的憨厚懦弱和惠公的年幼无知。他似乎成功了，扶植了新国君，又为他迎娶了齐国公主文姜。在朝中权倾一时，威风凛凛。但此后，却被永远钉在了历史的耻辱柱上。

2013-02-07 21:47

马车夫妻子论修养

一个优秀的女性可以使一个具有潜力的男人大幅升值，就像一个一流饲养员，可以把一匹有潜力的好马养成千里马。在二千五百多年前的中国就如此。春秋时期，女人没有多少选择婚姻的自由。女人的婚姻一般只是繁衍后代的理由，男人用来做公关的工具，在很多时候，女人只是赠品的一部分（有时候男人也是赠品）。但是，这并没有影响女性才能的施展。这时候，一些有才能和智慧的女人通常就靠影响男人或管理男人发挥作用。

在齐景公时代，有一个优秀但没有身份的女人嫁给了一个马车夫。当时马车夫是平民中比较有地位的职业。因为马车本来就比较少，都是王公贵族乘坐的。如果马车夫的驾车技术很好，也是很抢手的。她很幸运，这个车夫的手艺不错，运气也好，也能够听取她的意见。马车夫得到了给国相晏子驾车的机

马车夫妻子论修养

会。国相的车虽然不是全国最好的，但也是高头大马，华盖大篷，走在街头风光无限。自己驾着这车，虽然不是大夫，但有时感觉比一个小官还厉害，还神气。让熟人看见，是一种多么成功的感觉！

所以，马车夫非常自豪满足。他走到人多的地方，就把马鞭扬得非常高，打得非常响，吆喝得也非常有力。那是一种明显的得意洋洋的成功者的做派。晏子很宽容，可能也没拿一个马车夫当回事，并没有批评他。但他的妻子“从门间而窥其夫”[1]，瞧见到他这副做派后不乐意了。

一天，马车夫回到家中，见妻子既没做饭，又没有准备洗漱的东西，就非常窝火。他见到妻子，正准备发火时，不料妻子先发了话。妻子行了礼，然后客客气气地对他说：你还是休了我，把我送回娘家去吧。我觉得自己现在配不上你了。马车夫一听很是意外，就问：“前些天还好好的，怎么忽然这么说话？我有什么对不起你的地方吗？”

妻子说：“那倒没有。只是现在你已经变了。现在，你已经是国相的马车夫。”

马车夫说：“我并没有因为这打算休你啊。难道我成功不是一件好事吗？”

妻子说：“是不是好事还真说不准。因为现在你坐在马车上，总是衣冠楚楚，显得趾高气扬，高人一等。你都忘了，你还是一个马车夫。你驾的车虽然很好，但那是人家的。你的吃饭钱也是人家给你的。可回头看看人家晏子，他‘长不满六尺，身相齐国，名显诸侯。今者妾观其出，志念深矣，常有以自下者。今子身长八尺，乃为人仆御，然子之意自以为足'[2]，在大家眼里，好像晏子是一个马车夫，而你是国相。但是人们仍然看重的尊重的是晏子不是你啊。"

这位马车夫到底也是一个很有悟性的人物，妻子的一席话让他羞愧不已，猛然醒悟。他立刻向妻子表示改正。果然，后来马车夫就像换了个人似的，举止有礼，语言谦和，做事低调起来，生活简朴起来。晏子发现后就好奇地问原因。当听了马车夫的讲述后，晏子就感慨马车夫的妻子不简单。可惜的是那个时代无法让女性从政，晏子因此就提拔了他的马车夫。马车夫从一个无身份地位的百姓晋身到大夫之列。

由此可见，第一，领导提拔司机当干部是有先例的。第二，不只是一个社会，就是一个家庭也需要有监督力量的存在。因为很多时候，人看不到自己的缺点，更难以自觉地克服不足。马车夫的修养转变是他的妻子有才智又敢于监督的结果。第三，贤内助还真的能旺夫呢。

注释

(1)(2)《史记·管晏列传》

蔡声子巧妙帮伍举

蔡国太师子朝与楚国大夫伍参都是比较贤良的君子，人以群分，虽然各为其主但二人私交很好。他们各自的儿子蔡声子和伍举也成了一对好朋友，关系相当熟络。贵族的闲暇生活让他们有足够的时光在一起交流。

公元前547年，伍举家门遇到意外灾难。由于亲戚有人犯罪，他本人受到了当朝大夫们的质疑。听说有人趁机要株连他，他匆匆忙忙逃往北方大国晋国。晋国一直都是楚国的敌对国，逃到那里就可以得到庇护。多年来，那里都是楚国持不同政见者或者逃避罪责者的天堂。中间必须经过中原小国郑国，但如果呆在郑国，一般都会被出卖。因为在楚国面前，郑国通常是不敢大声说话的。经过郑国国境时，伍参不顾旅途疲惫，不敢稍作停留。但就在这短暂的时间里，伍举与蔡声子不期而遇。

及冠之后，蔡声子与伍举各自有了自己的事情。蔡声子又

蔡声子巧妙帮伍举

长期在外出差，见面自然少了。在这样的荒郊野外见到失魂落魄的好友，他感到分外不安和吃惊。他就和伍举在野外草地上席地而坐，询问事情的原委。伍举讲起不幸的遭遇，满腹委屈，心中感到相当凄凉。朋友有难，自当两肋插刀帮忙，这是人们秉持的大“义”。听说了伍举的遭遇后，蔡声子立刻义愤填膺。他认为，不能就这样不明不白地逃走躲藏。他想了一会儿，终于蛮有把握地对伍举说：“我有办法让你满意回到楚国。”

蔡声子既不是楚国权贵，又没有特殊人脉关系，为什么能这样胸有成竹？因为他有三寸不烂之舌。他清楚地知道楚国的软肋，知道他的朋友是个人才，而楚国需要这样的人才。他相信自己能说服楚国令尹。回到楚国，他便拜见了令尹子木，并乘机向他侃侃谈起了人才流失的问题。

他先告诉子木，楚国正存在着人才大量流失的危险现象，光流失还不说，且人才都大量流到自己的强大对手晋国去了，形成了楚才晋用的局面，以至“虽楚有材，晋实用之。”[(1)]自己花钱培养了人才，然后让对手变得强大，显然不是一件划算的事情。

接着他着重讲起了外流人才在外国、尤其是在晋国发挥出的巨大作用。比如，雍子奔到晋国，帮助晋国打仗取得了巨大胜利，在彭城把楚国打得落花流水。“晋人与之蓄，以为谋主。彭城之役，晋楚遇于靡角之谷，晋将遁矣，雍子发命于军曰：‘归老幼，反孤疾，二人役，归一人。阅兵搜乘，秣马蓐食，师陈焚次，明日将战。’行归者而逸楚囚，楚师宵溃。”[(2)]申公巫臣逃到晋国后，“通吴于晋，教吴叛楚，教之乘车、射御、驱侵，使其子狐庸为吴行人焉”。[3]

他警告子木，人才流失已给楚国带来了巨大灾难，并且还将会给楚国带来更大灾难。申公巫臣把吴国的军队培养起来以后，“吴于是伐巢，取驾，克棘，入州来，楚罢于奔命，至今为患。”[4]楚国的邻国吴国变得强大就是楚国人才的功劳，现在已经形成了很大祸患。

一场可怕情景经过绘声绘色地描述，让令尹直惊得目瞪口呆。然后，蔡声子帮子木找到了事情的原因。出现这样的问题不在别人只在自身：“今楚多淫刑，其大夫逃死于四方，而为之谋主，以害楚国，不可救疗。”[5]自己刑法混乱，相互内讧，不重视人才，使得人才没办法生存，他们不得不流落到他国，他们都是被逼出去的。

蔡声子的精辟分析在自信满满的子木头上猛浇了一盆冷水，子木马上心神不定、忧心忡忡。蔡声子看到时机已到，不慌不忙地道出了自己的真实意图：现在就有一个人才伍举，又逃到了晋国，应该让他回来了吧。子木早被他忽悠得六神无主，于是当即做出决定，赶快让伍举回国。不仅不追责，还要保留他的职务，让他放心为楚效力。

2013-05-10 12:40

注释

(1)(2)(3)(4)(5)《左传·襄公二十六年》

够阴够狠是庆父

害人之心不能有，防人之心不可无

庆封这个人，无论什么时候评论他，都可以说够阴险、够狡诈、够凶狠、够毒辣。齐国出那么多千奇百怪的人物，都没有这个人骇人，他既喜欢又善于搞阴谋，以至于《吕氏春秋》这样评价他："人固皆死，若庆封者，可谓重死矣"。说人都会死的，但这个人让他死N回都不为过。

他和大夫崔杼的关系曾经走得相当近，肯定是他用花言巧语迷惑住了崔大夫，为了在崔杼得势的时候利用他。崔杼为了一个美艳寡妇惹了一屁股麻烦，庆封给他出了不少主意，貌似解决了不少问题，崔杼就稀里糊涂错把他当成了知心朋友。

崔杼娶了绝美寡妇棠姜后，心里美滋滋的。蜜月可能还没有度完，就被齐庄公知道。色胆过人的齐庄公依仗权势和棠姜就偷欢上了。不仅如此，他还公然拿着崔杼的冠向人炫耀。崔杼对这个无耻国君恨得咬牙切齿，想了几个办法修理他都没有成功，一怒之下就把齐庄给杀了。那时候，国君再有罪，臣子也没有权力杀他，所以许多大臣都反对崔杼，庆封看到了抓权的时机，就出来助阵崔氏，帮助他镇住局势。庆封本来就可能是个凶狠不要命的主，这时候热情帮助崔杼对不听话的大夫大开杀戒，一番狂杀之后众人都不敢吭声了。资深望臣晏子出来争辩几句，也差点被他砍死。

庆封当然不会白为崔杼出力，趁机提出权力要求。崔杼似乎也怕他，就和他一起共执国相大权，齐国出现了以前没有的二相管国的局面。崔杼哪里知道，这根本不是庆封的目的。和他分当相位，又排在他的后面，受制于这个蠢货，对于庆封而言太不爽了。不久，崔杼家中闹起了废长立庶的丑剧。在当时，大家族中定继承人和诸侯定继承人一样重要。一个大家族就是一个王国，人们称之为做宗族。宗族的宗主相当于诸侯的国君，在这个宗族中拥有至高无上的权力。春秋一些大宗族的宗主比不少小诸侯国的国君都厉害得多。崔氏家发生这样大的问题，庆封就觉得机会来了，于是，一个大阴谋就开始在他的心里蠢蠢欲动。

公元前546年，庆封乘隙诱引不同帮派的崔氏子弟，争夺宗主位子，让崔家起内讧。然后他以自己的精兵甲士，假惺惺地帮助崔杼的嫡子崔成、崔疆刺死主谋的崔氏家臣东郭偃和棠无咎。不知真相的崔杼怒火万丈，以为元凶是崔成等人，跑到他心中的好友庆封那里哭诉家中发生的变故。心如明镜的庆封却佯装一无所知，惊讶地说："这两个孺子，怎敢这样目无长上呢？你若想讨伐他们，我会效力。"崔杼听到这话简直是感激涕零："如果你能为我除掉这两个逆子，以安崔家，我叫宗子崔明，拜你为父。"庆封这下是真卖力了，他立刻召集全家甲士，命令家臣卢蒲嶅带领前往，抄杀了崔氏妻妾儿子全家。崔家的所有车马服器，也都搜取无遗，然后又烧毁门户房屋。而庆封还能脸不变色心不跳地和崔杼边品茶边侃国际形势。不久那一帮狂徒带着崔成与崔疆血淋淋的首级，来回复庆封崔杼。崔杼见两个儿子的头颅，既悲又愤，还得向庆封称谢。他真是被人卖了还在替人数钱。然而当他回到家中，却发现远不是杀了两个人，家中已经死寂一片了。家破人亡的局面才让他明白自己被庆封耍了。但是为时已晚，崔杼悲痛到绝望，自觉耻辱再羞于见任何人，于是自缢而死，真是悲摧到家了。

庆封成功使用了连环毒计，铲除了政治上的绊脚石，然后觉得可以高枕无忧了。不久他就把国相的位子让给了儿子，反正当时国君齐景公年龄小，叫他怎么着他就得怎么着，齐国的公权还可以由他庆家独揽。他自己则饮酒射猎，过起了穷奢极欲的荒淫生活。此时他看中了家臣卢蒲嫳的老婆，就和她私通。卢蒲嫳和他有相当一致的爱好和追求，嫌这样还不过瘾，就让庆封带着老婆，把家搬到自己家来。四个人竟然共居一室，共夫共妻，过起了腐朽没落的资本主义的生活。

当庆封认为大权在握，毫无风险到可以高枕无忧的时候，风险也真的来了。公元前545年的一天，当他出外打猎的时候，早已愤愤不平的齐国其他几大家族田氏、鲍氏、栾氏、高

够阴够狠是庆父

氏联合出兵抄了他的家，杀了他的儿子庆舍。老窝被人家端掉，他不得不只身逃往鲁国。但是鲁国是个小国，齐国一吓唬，鲁国赶紧对庆封下了逐客令。庆封不得已逃到南方的吴国。吴王只知道他是齐国国相，不知道他逃亡的真相，就给了他一片毗邻楚国的土地让他享用，庆家以前四处逃匿的族人带着财宝又聚集到他周围，庆封重新开始发达了。这时人们听说了他继续潇洒的消息，纷纷感慨万千。鲁大夫子服惠伯对叔孙豹说：“难道是天降福给淫人吗？庆封又在吴国富厚了。”叔孙豹则回答道：“善人家裕，可说是赏赐；淫人富厚，可说是灾殃，庆氏的灾殃到了，庆氏全族聚集，将要被一举而灭尽。”

果然，后来楚国的楚灵王看不下去了。楚灵王本来也不是什么好东西，为了表明自己能主持正义，公元前538年，他带兵一路杀到了庆封居住的地方，把庆封连同他所有的族人全都灭掉。用当时百姓的话说：“庆封终于还是不得好死。”

2013-04-18 21:05

落跑王子的精神文明

越国曾经是一个相当荒蛮的国度，温文尔雅的周礼对这里鞭长莫及。人们交往处事简单直接而没有太多章法，宫廷里争权夺位属于常态，杀国君也好像是家常便饭。一旦国君不像个国君的样子，或者有一帮阴险的权臣给国君捣鬼，就有可能发生叛乱，有人把国君杀掉了事。新国君上台又不知道总结教训，最后还是以死殉“道”，这样，接连有三个国君都被杀掉，这三个国君是越王不寿、越王翳、诸咎。

越王翳在位三十三年（公元前378年）的时候，由于国王太无能，越国衰落，从琅琊迁都到吴（今江苏苏州）。翳在位第三十六年的时候，一个叫豫的弟弟出于对哥哥的羡慕嫉妒恨，开始阴谋夺取王位。豫首先连续设计谋害了翳的三个王子，之后又阴谋鼓动越王除掉自己的太子诸咎。按他算计，这个计划成功后，自己就可以顺利谋得君位了。但这次越王翳没有听他的话，消息却走漏到诸咎那里。诸咎担心自己被害，就先发制人率领军队赶走了豫，接着又替死去的弟弟们向父亲讨债。他的手下包围王宫，杀掉了父亲。糊涂的翳最后居然还不明白自己被杀的原因，竟然叹息道：“余不听豫之言，以罹此难也。”越国贵族势力对太子诸咎的过分举动非常愤怒，就发动骚乱杀死了太子诸咎。越国因此陷入了内乱。

接下来大夫寺区平定了内乱，但这时越国没有了国君。绞尽脑汁，大臣们想到了最合适的人选王子搜。在人们的眼里，他更有德行，能够让越国安定。尤其是居住在吴地的越国人极力请王子搜担任国君。

但是杀一个差国君容易，想找一个好国君就难了。王子搜死活不愿意接任。人们逼迫他逼得很紧，他就偷偷出逃。人们到处搜寻，最后在一个山洞里发现了他。可怜的王子搜就是不肯出洞。看来山洞很深，越人似乎找不到更好的办法，竟然找来了艾草，点燃艾草用烟来熏山洞。这简直是像搜捕猎物！用这样的损招对待未来国君在历史上可能仅此一次。但还真的有效，王子搜在里面呆不住，很快被熏了出来。大家像捉贼似的牢牢逮住了他。毕竟是让他当国君的，大家已经早为他准备好了专车——那是让他个人专门乘坐的豪华大马车。

可是，王子搜对此并不领情。他被众人拥戴着不由自主地上了马车。接过登车的绳索，他却仰天大呼道：“国君之位啊，国君之位啊，为什么就是不能够放过我！”王子搜真是不想当这个风险重重的国君，但此时也真是无路可逃。不

落跑王子的精神文明

过，尽管把人逮了回去，但人的心是捉不到的。他就是不想当这个国君，强迫最终还是没有用。大家拿他没有办法，听任他退了君位。

在逃避君位上，吴王寿梦的公子季札，做得最为成功。人们三次逼他做国君，他都能成功拒绝乃至逃脱。季札是吴王寿梦的第四个儿子。季札的三个哥哥分别是诸樊、馀祭、馀眛。寿梦看中了季札的能力和修养，决定把位子传让给他，季札拒绝了。寿梦不甘心，病危后就让大儿子暂时摄政，然后再让给季札。寿梦死后，诸樊按父亲的要求把位子让给季札，季札二次拒绝。吴国的大夫们再三要求他接位，实在受不了人们的折磨，他干脆弃家躲了出去。季札找到一片隐蔽的庄田，建起房子，种起了地。后来被国君哥哥盛请做大使，才回到了国都。诸樊做了国君，死后就按计划把位子传给了弟弟，目的是为了依次传下去，最终把君位传给季札。他想，按照这样定下的规矩，轮到季札继承君位时，他就没有理由推辞了。果然，二十年后，馀祭、馀眛相继死去，君位到底又落到了季札面前。但是季札依然固辞不受，再一次逃得不知所踪。

王子搜、季札逃避君位的坚决态度与众多公子们舍命夺位的行为形成了鲜明的反差。在不少人眼里，他们要么很傻，要么很胆小怕死，要么就是可能很无能很笨，不敢接受君位。但果真是这样吗？

比如季札，似乎确实很“傻”放着香车美女、随心所欲的豪华奢侈生活不要，却追寻什么空空如也的精神境界。但肤浅的聪明结果应该是一个最无知的人都能看出来的，一个只要有大脑的人都知道，当然也是众多的无德国君所陶醉的。不过这正是庸人和伟人的目光差距、认识落差。季札知道，君王的生活表面看起来很风光：吃喝玩乐，唯我独尊，似乎无所不能。但是与纵情享受相伴的就是代价。而且越追求生活的享受，付出的代价会越大。看看楚灵王，曾经过得多么高贵：处处有别墅，到哪里都是五星级享受；高档的会馆只为让他潇洒；他喜欢细腰的人，以至于大臣、宫女们为了保持苗条身材一个个饿得走不好路。却没有多少庸人能够想到他的结果会那样惨，惨到只剩下孤零零一个人上吊自杀。但是季札能够想到。这样看来，季札的“傻”或许是大智若愚吧。

季札是不是很胆小怕事？他的两次出逃都是躲避君位，没有什么危险，他知道自己的威望，不见得有人敢谋害他。后来，公子光（也就是吴王阖闾）派人把吴王僚刺死。季札出使回来知道后，不顾一切地跑到王僚墓前痛哭。说明季札认为正义的事情就敢于去做，并不惧怕邪气。

说到能力问题，更不能与季札画等号。季札好像不是高“情商”低智商的公子。季札对郑子产的忠告，足以说明了他的智慧和眼光。季札出使到郑国，正遇到郑国混作一团。而他已经看到了郑国未来的政治趋势，就告诫子产说：“郑国的未来在他身上。”建议他不要主动参与混乱的局面。果然，在混乱结束后，郑子产被任做国相，郑国因此又出现了一个繁荣时期。到齐国，季札对晏子的建议也曾让晏子非常感谢。

季札不做国君，主要应该是他有更高的道德水准和认识。他更在乎人的责任和精神追求。他认为，国君是一个为人民尽责谋幸福的职位，具备三皇五帝那样的美德和责任感的人才有资格做国君。而他感觉到自己还不够，不能耽误人民，误了国家。

季札的精神才是真正的文明精神。提倡精神文明，请他做老师应该不过时吧。

2012-12-07

我心已许，岂可失信：季札

在南方吴国历史上，最有威望的人当属季札。后人多把“南季北孔”当作春秋最有修养的两个人，北方的是孔子，南方的就是季札。季札的品德少人能比，季札的守信让人敬佩。季札挂剑的故事，每次读来都让人值得反复品味。

身为吴王寿梦的公子，季札三次坚决拒绝接任吴国国君之位以后，就被派往鲁国考察周乐、周舞，同时出使中原诸国，学习他们的先进文化。

季札初到北方经过一个小国徐国时，徐国国君接待了他。见面过程中，徐国国君喜欢上了他佩带的宝剑，尽管言语之中表露了出来，但徐国国君没有好意思开口向他要。季札知道了他的这个意思，但由于出使别国的需要暂时没有给他。等到季札出使别国回来再次经过徐国时，不料徐国国君已经离开人世。季札感到非常抱歉，就来到徐国国君的墓前，解下佩剑，把它挂在了墓前的一棵树上。这时候随从就问："徐国国君已经去世，你把这么贵重的宝剑放在这里还给谁啊？"季札说："我把它留给徐国国君。那次见面我在心中已经答应把剑给他，能因为他的去世就违背我心中的承诺吗？"

这就是季札的承诺——君子承诺的分量。和人初次见面时一个心里的主意，而且又没有说出口，对于一般比较讲信用的人来说，也算不上真正的承诺。不去兑现它也算不上不讲信用。而季札却不这么认为，在季札的观念里，承诺是心的信用，而语言只不过是一种形式。只要心里答应，承诺就已经作出了，说出来不说出来又有什么关系？可见，季札对信用的理解远远超越了世俗之人，达到了众人难以企及的境界。是啊！很多东西可以进行包装，但"心"可以包装吗？人可以欺骗一切，但恐怕唯独欺骗不了自己的心。正因为如此，千百年来他的这一行为从未让人觉得可笑、迂腐，而是让人深深敬佩。

事实上，信用就应该是一种心的承诺。写不写出来、按不按指印、盖不盖大印、刻不刻到石头上又有什么必要？如果心中不真诚，不愿意讲信用，不要说山盟海誓，就是再牢固的形式也是枉然。春秋各诸侯国国君之间、君臣之间经常进行血盟，经常对天起誓，但往往破坏誓言的速度比作承诺的速度还快。齐襄公就是个非常不讲信用的国君，他的惨死与这一点不无关系。他派大臣连称和管至父带兵去守卫葵丘，并答应第二年瓜熟的季节，派人去代替他们。大家都记清楚了他的承诺："及瓜而代"[1]。但过了一年，瓜熟蒂落了，他也轻而易举地反悔了。所以这二人忌恨在心，后来成了杀死他的主谋。晋国

我心已许，岂可失信：季札

的晋惠公也是特别不讲信用的主儿。秦穆公帮助他时，他感动得许诺把黄河以西的土地都给秦国，回国后就舍不得了。后来还欺骗秦国，最后没办法把太子送到秦国作为人质，但是照样不讲信用。的确，“信不由中，质无益也”。[2]秦穆公恨他恨得咬牙切齿，除了用武力颠覆他家的政权外，确实很难找到更好的对付办法。如果不是反复被愚弄，秦穆公可能不会下狠手支持重耳上台。结果，他的儿子刚接位就被赶下台并被杀掉。这大概是他失信时没有想到的后果吧。这些人就根本没有把信用放在心上，所以才出尔反尔，所以也才自讨苦果。

季札的承诺因为是心的承诺，所以也不会轻易受到外界的干扰。春秋那个时代，坚守信用好像不是一件易事。好人的承诺通常被坏人利用。守信的人往往被当作傻瓜，以至于好多有德有才的人不得不去做隐士。一个社会，很多人都不守信，信用也就没有了多大生存空间。少数人想坚守这片天地，自然也很艰难，这时，只有用心坚守，才能维持珍贵的信用。

2012-12-11

注释

(1)《左传·庄公八年》

(2)《左传·隐公三年》

晏子排斥孔子的五大理由

三十五岁那年，雄心勃勃的孔子遇到了鲁国国内大乱。“昭公率师击平子，平子与孟氏、叔孙氏三家共攻昭公，昭公师败，奔于齐，齐处昭公干侯。其后顷之，鲁乱”。[1]看到国内难以有什么发展前景，孔子奔到了齐国。凭着他的能力和自信，他相信自己能够在这个大国得到赏识，大显身手。他没有理会德高望重的晏子，而是来到了权臣高昭子家，做了他的家臣。然后通过高昭子的引见，他如意见到了齐景公。

齐景公向孔子问政，孔子回答说：“国君要像国君，臣子要像臣子，父亲要像父亲，儿子要像儿子。这样治国就好了。”景公听了很满意：“讲得好啊！如果国君不像国君，臣子不像臣子，父亲不像父亲，儿子不像儿子，纵然有粮食，我怎么能吃得到呢！”不久后齐景公又一次问政孔子时，孔子又道出了一个观点：“为政在于节约财物。”景公听了也很满意:挥霍浪费等于犯罪。景公还听说他向齐太师学习音乐，专心致志以至于“三月不知肉味”[2]，心里很有几分敬佩。敬佩之下决定把尼溪的田地封赐给他，让他在齐国做官。但孔子做梦也没有想到，这时候半路杀出了个程咬金，晏子出来给他泼了一大鼎凉水，彻底断送了他在齐国的美好前程。

国相晏子早已了解了孔子的礼教言行，便向齐景公列出了不能任用孔子的五个理由。

理由之一，这些儒者太能言善辩，不能用法度来规范。晏子本来就能言善辩，对这一点自然看的很准确。他认为儒家提倡的是修养，要求的是自觉，靠的是讲道理。所以喜欢用大道理治理国家。而实际上一个国家什么样的人都有，并没有多少人能自觉接受什么样的思想礼仪教导，因此，治理国家法度才是最有效的举措。显然，阅历丰富的晏子，理念是以法治国而不是以德以礼治国。

理由之二，孔子这些人高傲自大自以为是，不能任用他们来教育百姓。的确，孔子很少走近百姓，他的理论很好、很高，但与普通百姓有相当的距离。在孔子的弟子看来，孔子是很谦虚的，但从百姓的角度看，他仍然高傲不可接近。难以和广大人民群众打成一片，仅这一点，孔子就难以做一个合格的政治家。而在晏子看来，管理国家具体要做的就是管理百姓。在百姓面前宣扬自己的真理，显示出一副高高在上的派头，又怎样能让百姓心服口服呢?

理由之三，这些儒家崇尚丧礼尽情致哀，破费财产厚葬死人，不可将这形成习俗。孔子的思想里，对于死者的哀思、对

晏子排斥孔子的五大理由

于逝者的厚葬非常重要。为死去的长者守孝三年，他认为这才是孝。关于这一点，他的学生都提出过质疑。但他还是把它看得很重。晏子显然认为这并不是好主意。晏子说应该把重点放在活人身上，把财产放到死去的人那里是一种浪费。如果让他来治理国家未免会造成极大浪费。

理由之四，孔子等人四处游说，乞求借贷，自己不劳而获，四体不勤，五谷不分，不可以此治理国家。从这一点看来，晏子是够“务实”的，他的观点显然是“实干兴邦、空谈误国”。他不相信那些只会指手画脚的人能够治理国家，同时，似乎也怀疑理论的指导作用。晏子经历了复杂多变的社会实际，深深体味到了社会的多面性，不相信靠一些理论就能兴邦是理所当然的。实际上，孔子的理想与现实也确实有很大差距，如果他能够多参加点社会上的实践活动，他的理论可能还会作出调整。当然，晏子把做学问等同于空谈，认为搞理论就是骗吃骗喝，认识上也是有很大局限的。

理由之五，孔子规定的尊卑上下的礼仪、举手投足的节度太过繁琐。人们连续几代都可能不会穷尽其中的学问，从幼到老也学不完他的那些复杂礼乐。自从圣君贤相相继去世，周朝王室衰落以后，礼乐残缺有很长时间了。晏子对景公说：“国君再打算重新用这一套繁琐复杂的礼仪来改造齐国的习俗，恐怕不是管理人民的好办法。”

晏子的一番陈词让齐景公打消了对孔子的重任想法。此后虽然恭敬地接见孔子，但他不再问有关礼的事。直到有一天，齐景公坦白地对孔子说：“我老了，不能用你了。”齐景公最后的直言彻底打碎了孔子的梦幻，他觉得在齐国施展抱负已经没有了可能，就离开齐国回到了鲁国。

也许，孔子很后悔没有做通晏子的工作，也许他根本没有能力改变晏子的思想。但他明白，晏子有全心为君分忧、全意为国为民尽责的坦荡胸怀和使命感，坚持他自己认为正确的意见是他分内的事情和责任。

伟大的人物之所以伟大，在于他们都有宽广的心胸。孔子也有一腔治国的情怀和高尚的道德品质。他知道，已经经历过多次生死考验的晏子排斥他并非出于私心和妒忌，所以，他虽然很失望但并没有怨恨晏子。

2013-03-12

注释

(1)(2)《史记·孔子世家》

晏子三篇

哭泣的晏子

男儿有泪不轻弹。晏子虽然不是张飞那样虎背熊腰的铮铮大汉，但也不是刘备那样见情流泪的温柔君子。在一次次生死考验面前，都没有见到他流泪。崔杼以生命威胁他的时候，他没有害怕流泪，庆封恐吓他要杀他的时候，他也没有被吓哭。他的财产被国君齐庄公收回，自己被罢官时，他不仅没有伤心，反而显得心情十分轻松。

晏子是春秋时期少有的不依靠家族势力支撑权力、不用权力培育家族势力的人之一。好像这也是贤良大臣的一个标志。季札、子产、百里奚、孙叔敖无不如此。他们之所以没有时间培养自己的家族势力，是因为他们的心中装的是天下百姓，以天下为己任，以天下为家。晏子夙夜在公，没有多少时间顾及家里，也不会有儿女情长的私事让他哭泣。

对于这样不为权势低头、不为得失动心、不为家族盘算的人，还有什么事情能让他伤心到哭泣呢?

由于工作的不顺心，在齐庄公被杀的时候，晏子哭了一次。因为正直而时常被庄公讨嫌，他更没有能力阻挡庄公被杀。但是，毕竟是一国之君非正常死亡。作为一个有良心的臣子，晏子不会只管去打自己的酱油。后来，晏子受齐景公重任成了国相，有了很大的权力和威望。然而，在齐景公面前他依然是个老卒子，阻挡不了景公劳民伤财、吃喝玩乐、得过且过的不良行为和作风。

齐景公很喜欢大兴土木，有机会就劳民伤财修建大的房舍、宫室。有一次，他又看中了一个地方，计划在那儿建一座漂亮的宫殿。一声令下，碍事的居民都被强行拆迁。如果在过去，大家可以到晏子那里去上访，但这一段时间晏子到国外出访去了。齐景公知道晏子一定会阻拦他，所以总是选择晏子出国访问期间兴建宫室。等到晏子回来，生米已经做成了熟饭，所有的拆迁户都已赶走，想怎么样也不行了。至于拆迁补偿，还没有那一说，想都别想。

这一天，天刮起了大风，接着下起了大雨。不能再出去游玩了，齐景公就邀请晏子一起喝酒打发时间。酒喝了几巡之后，晏子开始唱起歌来。但是晏子这一次唱歌不是给景公添兴的，因为他唱的歌是："禾穗收不到了啊，秋风刮来全都掉落了。全被风雨糟蹋了，上天为什么这样摧残我们啊！"

晏子唱完，回过身去，接着就流下了悲伤的眼泪。然后，伸开双臂缓缓地跳起了舞。齐景公已经明白了晏子的意思，忙让人收拾起酒席，不好意思地对晏子说：“都是我的罪过，那宫室现在就停工，不再建了。”

晏子为什么会为身份下贱的百姓流泪？很简单，他心里装着他的百姓，他时刻想着他们。他会设身处地想他们的需求，当他们遇到困难时，他能够感同身受。

他不想哭，但是，作为一个只有服从和建议权力的臣下，在一个个不思进取的国君面前又能做些什么？前后都是高压线，又有多大的抗争空间？就这样算了吧！哭一回，不能感动天，不能感动地，只要感动一下齐景公，让他少伤害点他的黎民百姓，自己的眼泪也没白流。

晏子的深度视角

鲁昭公虽然贵为一国之君，但因为惹恼了实力强大的季孙氏、叔孙氏、孟孙氏三大家族，被他们联手赶出了国门。他只好暂时狼狈地躲到齐国避难。见到齐景公后，他向齐景公倾诉自己的不幸，又深刻忏悔自己的过失。他说自己失败在没有亲近和热爱自己的人，没有听取过人们的好意见，听奉承话太多等等。总之，在多方面都做了自查反省。齐景公听完了他的自查报告，给予了高度评价，小秘赶紧把齐景王的意见进行了精准概括：反省之深，认识之全，剖析之透，前所未有。齐景公认为自己对事情总算有了一回正确的判断，于是乐颠颠地告诉晏子说：“我发现昭公经过这一次打击后发生了很大改变，他能够做深刻的自我检讨，前所未有，心诚意切。回国之后，肯定能变成一个贤君。”

不料晏子却当即给他泼了一盆冷水，让齐景公刚刚生出的一点自信又胎死腹中。晏子说：“忏悔反省不意味着能改正吧。”有些人经常做检讨，经常写自查报告，但是他只不过是在走过场。有时候也可能有那么一点点悔意，但主要还是作秀给人看。把自查当做了一个娱乐，并没有真心汲取教训。自己主动改变，对于身居优裕的权位者恐怕不是那么靠谱。我太了解鲁昭公这个人了，当他再回到君位上，他很快就会旧病复发，用庶民的话评价他，会很难听的。我们还是说委婉一点：鲁昭公是这样一种人，系“愚者多悔，不肖者自贤。溺者不问隧，迷者不问路。溺而后问隧，迷而后问路，譬之犹临难而遽铸兵，噎而遽掘井，虽速，亦无及也。”现在，他并没有真心向人问路，向人求救。他天天继续忙于吃喝玩乐，又能怎样走出泥潭？

齐景公半信半疑，派兵帮助鲁昭公回了国。果然，好了伤疤即忘了痛，鲁昭公继续过起了无忧无虑的神仙日子，没见到他推出任何治国好举措。

通常，人们一看见专家就拍砖、吐槽，其实，只要不是灌水的投机的媚势的“砖家”，真正的专家还是有两把刷子的，分析问题就是不一样。就晏子而言，他已经是一个经历过几番生死考验的资深政治家，早已被练得炉火纯青了，他又是一个大彻大悟的智者，什么样的人能够逃出他的法眼？看一个人能够很快看穿他的心机，看一件事也能一下子看到它的实质。晏子见孔子，很快就看到他的政治主张只是一种空想，在别的地

方行不行他不便评价，但在齐国是行不下去的。事实证明他看得很准。

那么他看人的视角是什么？在政治这潭尔虞我诈的浑水中，他看的是人心。尽管许多人为了权力使尽了阴谋手段，但在他看来，最终还是"得人心者得天下"。在齐国，崔杼、庆封之流曾经群魔乱舞、张牙舞爪，多次想把他杀掉，但晏子从没有把他们放在眼里。让他真正感到忧心忡忡的却是默默无闻的田氏家族。田氏在众多贵族中不显山不露水，不称霸不称王，却在一直悄悄地争取着齐国百姓的民心。这对于齐国来说，才是最危险的敌人，可惜的是，齐国的国君都体会不到。所以，晏子出使晋国时和晋国大夫叔向说起齐国的将来，无奈叹息道："齐国政权卒归田氏矣！"

晏子给齐景公办难堪

晏子辅佐齐景公时，时不时就当着众人面给齐景公办一回难堪。有时候一天多到几回，把齐景公气的脸色铁青，但是最后还只得原谅晏子。到后来脸皮干脆厚起来，再听晏子的难听话就习以为常了。这不是因为齐景公心胸宽广，而是在齐国再也找不到第二个敢这样批评他的人。对于晏相国，他更多是无奈。一是晏子年长，可以当景公的父辈，在他面前摆一下资格合情合理；二是齐景公即位时很小，是晏子看着长大的，尽管经历了多年的朝中混乱，但有晏子等人在帮他打理，他没操过什么心。虽然做国君多年了，对晏子还有依靠心理；三是晏子

晏子三篇

德高望重，大公无私，他身上已没有什么可指责的，也没有任何人敢指责他。

这一天，齐景公心情很好，没有什么正事可干，就带着群臣出游。要说这齐景公就是笨，为什么不打着检查工作的旗号出游呢？那样可以尽情游山玩水，品味齐国大好河山，最后附带问一下工作情况就行。这样的话，随从们会安排人将检查指导工作的内容加以完善宣传出去，而对游玩的事情自会只字不提。知道这个消息后，整个齐国人民都会衷心感谢国君，拥护国君。但他敢这样大摇大摆，主要还是有社会原因，那时多数国君都这德性——他们认为在下等庶民面前没什么好掩饰的，叫他们怎么样他们就得怎么样。自信到自负，做事无所忌惮、为所欲为。瞧，国家哪还能不没落？忧国忧民的晏子除了跟着他适当的监督一下，在太过分的时候呛他两句，也找不到更好的办法。齐景公得意忘形之际，问晏子：先君桓公从车三百乘就能“九合诸侯，一匡天下”，我现在带兵车上千辆了，能够接着称霸吗？晏子没好气地说：“桓公左有鲍叔牙，右有管仲。现在你左边是唱歌的，右边是跳舞的，前边是溜须的，后面是拍马的，能成什么霸业？”景公无话可对，就顾左右而言他。看着如画般的美景，又感慨万千而不无遗憾地说：“要是自古以来人都不死该多么好。”

晏子觉得，作为一个国君，出来不看看国民的生活生产情况，而发这样无聊幼稚的感慨委实不妥。接过话茬，便说出了一番抢白话：上古先帝们都认为人类有死亡是一件好事。因为仁义之士做了一生的善事，也该到天堂休息休息了；而坏人做了一辈子坏事，也该让他停下来，到地狱里去反省了。另一个方面，如果人们都不死，姜太公、丁公会继续领导齐国，桓公、襄公、文公、武公只有做国相的份儿。至于轮到你，只能头戴草笠，手握锄头，弯着腰在田间翻地，哪还有时间、有心情在这里发出感慨呢！

到了天黑，景公的气消完了，又望见了夜空的彗星，就召唤大臣祈祷除掉彗星。晏子当场就反对说："这样折腾没用。"这是上天故意显示不祥的景象，来警示人们的不恭敬行为，告诉人们快点改变。您如果修文德纳良言，即使不祈祷彗星也会消失，如果好酒贪杯，纵情作乐，宽容小人，喜欢倡优，厌恶文德，疏远贤人，哪里只是彗星，孛星也会接着出现的。

晏子的话真的是够刻薄，够难听，却是一心为国、句句在理。景公听了忿然作色，但又无可奈何。谁让自己不体恤百姓又不小心，偏偏在这个智者、长者面前说这样的话呢？

司马穰苴如何搅翻了权力场

齐景公在位时，虽然有晏子倾力辅助，但他太贪于享乐，以至于国家还是灾祸不断。内忧未止，又来了外患。北方的燕国、西部的晋国都来侵略，抢占了大量土地。那么多弄臣，没有谁能带兵拒敌。无奈之下，他接受了晏子给他推荐的一个小人物司马穰苴。

司马穰苴虽然是齐国望族田完家族的后裔，他的家庭却很贫贱，应该是处在宗族的末梢部位。尽管个人能力很强，但以一个平民身份突然来担当大任，想镇住大形势却非易事。这个时候，他需要一个非常的行动才能树立起威严，继而有效地开展下一步工作。机会来了，齐景公的宠臣庄贾撞上了他的枪口。庄贾在齐景公眼里应该有一定地位，要不然齐景公不会派他帮助司马穰苴做监军管理军队。但这个人是个弄臣，平常是摆谱又散漫惯了，还不知道司马穰苴是个什么样的人，依

司马穰苴如何搅翻了权力场

旧像过去一样我行我素。也许，齐景公朝中的大臣大多都是这样，因为齐景公也没有好到哪里。晏子能够苦苦支撑在那里，实属奇迹。本来和司马穰苴约定中午在军门见面，但这个庄贾居然到了傍晚才慢腾腾地赶到，理由是什么？因为要带兵出门打仗，亲朋摆酒送行，酒喝多了。司马穰苴义正辞严地宣读了国家军队战时管理条例，只为一个结果：违抗了军令，必须杀掉。庄贾赶紧让人向齐景公求救，这还怎么能来得及？再说，司马穰苴也不会放过这个立威的好机会。就这样，庄贾稀里糊涂地就丢了性命。

当时，在那种社会风气之下，应该有好多人为庄贾之死叫屈。这是因为他是社会上层圈中的人物，有所谓深厚的人脉关系和一定的影响力，从齐景公赶忙派使者来说情就能够看出来。杀掉他必定会引起一些人甚至一些势力心中怀恨，比如给他摆酒送行的那些人。而司马穰苴则出身贫贱，还没有立下功劳就这样杀掉国君的重臣，那些人就会有充分的理由攻击他。他们可以说，庄贾无非是迟到一点时间，无论如何不应该是死罪。司马穰苴做得太过分了，无非想显摆自己的权力。说不定庄贾在死前也会大骂司马穰苴：“有一天你也会死得像我这样难堪！”这时候，甚至在将来，一旦司马穰苴有一点点过失，就一定会有悲惨的下场。就是没有过失，也会有谣言不断中伤。因为他势单力薄，因为他是中国社会文化中的出头鸟。

就庄贾个人的命运来说，他做梦也没有想到，他的亲朋给他摆了一场断魂酒。人们说得多好：福兮祸之所依。不知道庄贾的亲朋除了恨司马穰苴外，是不是还很内疚。从某种程度上说，庄贾不是死在了司马穰苴的手中，而是死在了他们的手中。如果他们多了解一些司马穰苴，不那么太放纵自己，太过分地向庄贾劝酒，也不会害死庄贾。但是，他们也无须太过自责，他们还远算不上罪魁祸首。

庄贾只不过是一个倒霉蛋。他不去死应该还会有别的人去死。因为齐景公派不出什么好货色，派谁去都只会给司马穰苴添乱，而司马穰苴也必然会杀掉他祭旗。而且无论杀掉谁齐景公都没有办法，因为丢一个卒没有关系，他不得不用司马穰苴这样的人解决国家眼前面临的危险，他不能对司马穰苴说不。所以，说到底庄贾是死在了齐景公的手上。他只是齐景公的一条狗，齐景公可能会为他的死心疼一会儿，但很快就烟消云散了。

不过，和庄贾关系密切的势力不会放过司马穰苴，因为他已经搅翻了死水微澜的权力场。那些享受着齐国现成秩序成果的势力，那些社会利益既得者，那些贵族大夫，不会任由司马穰苴破坏他们安逸、幸福、奢侈、美好的生活。即便司马穰苴取得了辉煌战绩，他们也会视而不见。实际上，国家存亡，齐家的江山存亡和他们真没有什么真正的关系。齐家的江山垮了，他们随时可以改弦更张，投靠新主子、新势力，何以见得对他们是坏事呢?

果然，虽然司马穰苴以身先士卒的精神和严明的纪律为齐国收复了所有失地，受到了齐景公的器重。但是，齐国的几大势力诸如鲍氏、高氏、国氏等都捏造罪名加害他。最后，齐景公不得不罢免了司马穰苴。没有了这个绊脚石，齐国依旧莺歌燕舞，当然，大厦也继续慢慢下沉。

2013-03-09

监督真好，落实真难：齐景公

呕心沥血辅佐了三位不争气的国君，齐国贤相晏子在齐景公时病逝。齐景公正在外地巡游，听到晏子病危的消息后，就立即催促随从驾车往回赶。在往回赶的路上，心急如焚的齐景公方寸大乱。嫌马车跑得太慢，他就跳下马车自己跑。当他发现自己并没有马车跑得快时，又回到车上。回到车上后，他又觉着马车跑得慢，就又跳下马车自己跑，先后上来下去的反复了四次。他边跑边哭奔到了晏子家。当他得知晏子已经离世时，就一下子扑在晏子身上放声大哭，边哭边诉说自己的疼惜之情。

齐景公哭着说："晏子辅佐我，不分白天黑夜地监督批评我，连我细小的过失也不放过，就这样我还沉迷于淫乐之中而不能自拔，以至于和百姓们积下了深重的怨恨。现在上天降大祸于齐国，没想到灾祸没有降临到我的头上却降临于先生，大

监督真好，落实真难：齐景公

概齐国的江山社稷亡覆的危险快来了吧。今后国家出现了重大灾难事变，百姓将向谁去诉说求助啊，这可怎么办啊？”

齐景公敢向上天发誓，他说的句句是心里话。我们也相信，他的哀号很真实，一点都不夸张。说明他很明白，晏子在他身边是他的福。如果没有晏子的有力辅助和监督，齐景公说不定下场会和前两任国君一样，甚至还不如前两任国君。

较早时候，年幼的齐景公虽然继承了哥哥的君位，却完全没有能力掌控大局。经过强势大夫们长达十六年的火拼，齐景公才在晏婴等贤良大夫的辅佐下，走出大夫专权的阴霾，亲理朝政。他的成长环境与经历让他看到监督的重要性。加上晏子年龄长、威望高，所以在晏子面前，他都会言听计从。因为有晏子的经常监督，他才收敛了一些随心所欲的行为。

齐景公并不是个笨人，有一腔治好国家的情怀，可另一方面，他自控能力又相当差。那么多弄臣在身边，那么多诱惑在身边，他的修养水平让他实在无法抵挡。接受监督把自己的行为都约束好，对于他来说，日子怎么能够熬下去！他舍不得丢开梁丘据、裔款这一帮人的阿谀奉承啊。

当晏子帮他把国家治理得有一定声色后，他就纵情地贪图享乐，不顾百姓死活，还厚赋重刑。据说他甚至将百姓收入的三分之二供自己享用，而周朝的收租规定和惯例是公家收取田产的十分之一。他的这种吸血行为致使民不聊生、怨声载道。他侥幸的是那时候老百姓们还认为这是上天的安排，没有谁起来反抗。

看看齐景公的那些糗事吧。他喜欢一只鸟，专门找了一个人为他养那只鸟，但不幸的是那个养鸟人把那只鸟弄丢了，因此他就要杀死养鸟人。多亏晏子委婉地把他批评了一顿，他才放弃了滥杀无辜。有一次大雪一连下了几天不见晴。齐景公在温室里睡够了、玩得郁闷了，就披着狐皮大衣，坐在朝堂一侧台阶上看雪。晏子前来朝见，本来想问问有没有什么公事要安排的，齐景公居然说："奇怪啊！雪下了三天，可是天气一点都不感到寒冷。"齐景公让人饲养他心爱的马。这匹马突然死了，他又很生气。当然，他一生气后果就很严重。他要命令手下的人拿刀去肢解养马人！又是晏子阻止了他对这位养马人下毒手。像这样荒唐的言行他有很多。和这样一个国君在一起，可想而知晏子天天都是怎么过的。虽然早晚劝谏，也只能纠正他的一部分错误。

但是，一个国家，一个社会，单靠一两个贤良的大夫又能支撑多久？晏子死后，没有多少人再敢那样履行监督了，齐景公的错误越来越多，国家也越来越衰落。当权的人都知道众人恭维着很满足很快乐但很危险，但又有多少人能主动拒听别人的甜言蜜语？当权的人都明白监督很好，但又有谁愿意主动接受它，天天安心听那逆耳的忠言呢？看来真是"金玉满堂，莫之能守"[(1)]。不能守，就得交庄；不能顶起，就得沉底。

注释

(1)《老子》

一件皮裘让蔡昭侯纠结一生

春秋中后期，实力一直弱小而又生活在楚国眼皮底下的蔡国，基本上已死心塌地成为强大楚国的附庸国。历任蔡国国君总是小心翼翼地看楚文王的脸色行事，但是这并没有改变受轻视、被灭掉的命运。

蔡昭侯继承蔡国君位后，得到了两件贵重的貂皮裘。貂皮裘是当时人们冬天御寒的宝贝，是皮裘中的皮裘。那时的穿法正好和现在人相反，他们把带细毛的一面穿到里面，这样细细的绒毛贴着身子就更保暖。为了讨好当时的楚国国君楚昭王，蔡昭侯就兴高采烈地前往楚国，亲自给他送了一件。但他做梦也没有想到，贵重的礼物送出去了，不仅没有把关系搞好，反而引出了大麻烦。

原来楚昭王并不是一个有能力控制楚国局面的一把手。在管理国家上，他更在乎令尹子常的意见，而子常根本不是什么

一件皮裘让蔡昭侯纠结一生

好货色，贪婪成性，索贿成瘾——地道的小人一个。楚国的这种现状，蔡昭侯并没有看到，所以他稀里糊涂就把自己陷到一场灾难中。他不给子常搞一件，自然会得罪他，招来祸患。果然，子常就在楚昭王跟前进谗言，说蔡昭侯的坏话。楚昭王不问真假，一怒之下把蔡昭侯扣留下来不让他回蔡国。这一扣，就是三年。

如坠雾中的蔡昭侯就打探问题到底出在了哪里，知道了真相后又气又恨。气的是当初还不如把皮裘直接送给令尹子常了事，那样说不定还能把关系处好，没想到子常这样不寻常；恨的是没想到这个楚昭王这般没用，如此不把自己放眼里，自己的朝见和贵重礼品还比不上一个大臣的谗言。无奈之下，他把自己的皮裘脱了下来给了子常。子常竟然不嫌弃这已经穿过的衣服，欣然接受，然后很快劝说楚文王把昭侯放回了蔡国。

蔡昭侯就这样无缘无故地像囚徒一样在这里受辱了三年，是可忍孰不可忍！虽然自由了，但是气却没有消一点。他渡汉水时，一怒之下把身上的佩玉扔到了水里发誓道：“再南来者，有如此玉。”要知道，那时玉佩是贵族人身上最重要的饰物，代表着人的身份和地位。俗话说“玉不离身”、“改玉改行”。只要人在，佩玉就不能离身，也不能随意改变样式。此时可想而知蔡昭侯已恼怒到什么程度。回到家，这种怨气仍丝毫没有消退。他马不停蹄直奔到晋国，用长子作为人质，请求晋国帮他攻打楚国。不料在这里又碰到了一个子常一样的货色——晋国大夫荀寅，荀寅更是有恃无恐地直接向他索要礼物。提起贿物，蔡昭公是咬牙切齿，气不打一处来，但那时都这样，连一个可以投诉的部门都没有。他断然拒绝了荀寅的要求，结果晋国以道路太远为由不肯出兵相助。

复仇的火焰仍在蔡昭侯胸中燃烧，他不相信不送礼办不成事。请晋国不成他就奔到吴国，派另一位公子到吴国做人质请兵。功夫不负有心人啊！吴王阖闾正有扩张的欲望和雄心，而流亡到吴国的伍子胥也和楚国有深仇大恨，正想杀回楚国。吴王就亲自带兵打向了楚国，加上一流军师孙武的辅助，吴国军队可谓是兵强马壮。沉迷于享乐的楚国君臣看来毫无招架之力，而占据了天时地利人和优势的吴国、蔡国等国军队势如破竹、所向披靡，连续大败楚军，以迅雷不及掩耳的闪电战拿下了楚国都城郢。楚昭王慌不择路逃到了随国，子常则晕头转向地逃到了郑国。子常的夫人来不及跟着逃跑，就成了吴军的战利品，被充塞到了吴王后宫。郑国这样的小国怎么能是安全的藏匿之地？伍子胥带兵围攻郑国，郑国招架不住，子常无路可逃被迫自杀。看到子常的这样下场，蔡昭侯终于解了心头之恨。

今后要想过安稳日子只能依靠吴国了。为了更好地保持往来关系，并防范楚国，蔡昭侯访吴时，吴国特别要求蔡国把国都往它们那边迁一下。蔡昭侯现场拍板，双方就此达成高度一致。他回国后立即行动把都城迁到了州来（今安徽凤台）。这一举措遭到了蔡国贵族们的强烈反对，但国都还是迁了过去。两年后，蔡昭侯又要去访问吴国，蔡国贵族们害怕他回来后再搞一次迁都，就派人暗杀了他。

因为一件皮裘，弱小的蔡国国君一生都没有安宁。在有生的时间里，他都在为复仇而四处奔波。直到最后被杀，也与这件事不无关系。他纠结了一生，最终放出了心中恶气，但他成功了吗？他最后又得到了什么？而子常、荀寅这样的贪婪无德之人，也能占据着大国要位，春秋各国怎么会强盛起来呢？

2013-02-05

火烧火燎的伍子胥

伍子胥是一个颇具传奇色彩而又个性鲜明的人物。在已知的历史记录里，他因为遇到官方的追杀才出现在人们面前，尔后又进行了艰险无比的长途逃亡。这让他一举成名，也让他的人生充满了惊险与刺激。从他本人的性格看，明显是一个桀骜不驯、不甘屈服、刚烈勇猛的英雄。他的一生，诸多行为给人的感觉总是匆匆忙忙、火烧火燎的。

伍子胥的家族因为他祖父伍举贤良、正直侍奉楚庄王而显贵。到了他父亲伍奢时，不幸碰到了昏庸的国君楚平王和居心叵测的奸臣费无忌。伍奢遭到了费无忌的陷害。费无忌知道伍奢的两个儿子很厉害，就忧心忡忡地对楚平王说："伍奢有二子，皆贤，不诛且为楚忧。"[1]害怕将来收拾他，所以他唆使楚平王把伍子胥兄弟也一同杀掉，斩草除根。当公差赶到伍家时，伍子胥也刚好得到了消息，他的哥哥宁愿陪父被害，不肯

就范的他则选择了逃亡。

他逃亡的开始就很惊险。据说官差追上他去捉拿他时，他取下了身上的弓箭，“贯弓执矢向使者（官差）”，[2]官差很害怕，放跑了他。伍子胥顺利逃到了郑国，本来好像平安了，但又遇到了不懂事的太子建。楚平王之子太子建也受到了奸臣费无忌的陷害，逃到了郑国，郑国对他很好，但他却受到晋国鼓动要背叛郑国，郑国知道这个消息后立刻杀了太子建。伍子胥尽管没有参与此事，但因为和太子建共同逃难到此，二人同病相怜，来往密切，好像关系很好，所以也没有法子给自己洗清白，此刻只好逃走了事。

伍子胥这一次要长途跋涉逃向吴国。逃往吴国必须经过楚国，而楚国并没有放松对他的追捕。伍子胥的逃亡因此充满了艰难和风险。过昭关就是人们传下来的关于他逃亡的最惊险时刻。这里有两个经典的故事：一个是伍子胥过昭关一夜急白了头；一个是碰到了一位勇敢正直的老渔翁。据说伍子胥白天躲藏，晚上赶路，匆匆来到吴楚两国交界的昭关（在今安徽含山县北）。关上楚国的官吏盘查得很紧，伍子胥找不到好的过关办法，夜里愁得睡不着觉，一夜之间须发尽白。此时他遇到了一个好心人东皋公。东皋公同情伍子胥，把他接到自己家里。东皋公有个朋友，模样有点像伍子胥。东皋公让他冒充伍子胥过关。守关的逮住了这个假伍子胥，而那个真伍子胥因为头发全白，面貌变了，守关的认不出来，就被他混出关去。出了昭关之后又有一条河横在面前。伍子胥看没有船，内心非

火烧火燎的伍子胥

常焦急。就在后面官差已经追来，他“几不得脱”[3]时，突然过来一条渔船，是一位老渔翁在渡船。老渔翁渡伍子胥过了河，下船之后，伍子胥怕他出卖自己，就要把自己的宝剑送给他。没想到这位渔翁也是一位义士，他对伍子胥的不信任非常伤心。老渔翁说：“楚文王为了追捕你，出了五万石粮食的赏金，还答应封告发人大夫爵位。我不贪图这个赏金、爵位，难道会要你这宝剑吗？”

伍子胥到了吴国，正遇到吴国的公子光想夺取王位，需要人才帮忙。伍子胥的到来犹如雪中送炭，因此受到了厚待。他的命运至此发生了180度的大转变。经历了短时间的平静修整，伍子胥就开始了他人生下半场的复仇行动。

在以后的复仇行动中，伍子胥给人留下的印象依旧是风风火火，激烈勇猛。公子光夺位成功后成了吴王阖闾，伍子胥也成了功成名就的大臣。从此他成功借助吴国的力量，又和北方和一些小国一起大举进攻楚国，开始了疯狂的复仇。加上孙武的谋略，他的征战取得了辉煌战绩，军队很快占领了楚国都城。

他的刚烈勇猛在复仇行动中发挥得淋漓尽致，他基本如愿实现了逃亡前的梦想。但是，这样的性格在后来的国君吴王夫差那里就成了悲剧的源头。以前投奔过他的太宰伯嚭也趁机诬陷他，吴王夫差终于忍受不了他言辞激烈的进谏，把他杀掉了事。伍子胥威猛英雄的一生就这样以悲剧告终。

对于一个功高盖世的大臣而言，伍子胥的结局无疑有些悲凉。但看看他的性格及心路历程，就会觉得这样的结局在所难免。他的一生中，复仇心理占有很大的成分，这会使他在言语行为上难以保持一颗平静的心。所以他才容易被人陷害。把他和同时为官征战的孙武相比，人们就能看到两个人的人生目标和性格的迥异，也因而能看到他们人生命运结局不同的原因。所以，“狡兔死，走狗烹”的结论对于伍子胥正确，而对于孙武就不正确。

2013-03-18

注释

(1)(2)(3)《史记·伍子胥列传》

伯嚭的灵魂和越国的鱼钩

吴国的国家灭亡与一个重要的人物伯嚭（pǐ）息息相关。对于吴国而言，伯嚭是一个背景复杂的外来户。他的先人在晋国，是晋国大家族郤氏的一支。曾祖父伯宗贤良正直，后来受到迫害，让孩子逃到了楚国避难。他的祖父伯州犁逃到楚国后在楚国事业红红火火名噪一时，但他却是一个见风使舵的奸猾形象。不过，他的父亲郤宛是一个为人耿直的人物，身为大夫，却受到了当时令尹子常的迫害。伯嚭无奈又逃离了家园。他的家族史上，忠奸人物交替出现，伯嚭成为贪官难道是规律使然？

伯嚭人生早期的经历和伍子胥有着相似的不幸。所以，当他知道伍子胥在吴国做了大夫后就投奔了过来。因为同病相怜，因为有共同的敌人，伍子胥把他推荐给了吴王阖闾。伍子胥并不知道他完全属于另一类人。他推荐的这个老乡，最后毫不留情地将他置于死地。

雄心勃勃的吴王阖闾有了将领伍子胥、军事家孙武等人的辅助，在战场上所向披靡，打得楚军落花流水。他的军队占领了楚都，也为伍子胥、伯嚭报了家仇。但是小沟翻船，后来不幸把命丢在了越军的手里。吴王阖闾死不瞑目，告诫他的儿子夫差一定要为他报仇雪恨。夫差不忘父言，继承王位后带领部下同仇敌忾，终于打败了越国，基本消灭了越军的有生力量。眼看越王勾践的国家命悬一线，濒临亡国亡族，这个时候，伯嚭出场了。

伯嚭应该是隔代继承了他爷爷伯州犁圆滑玲珑的性格作风，逐渐讨得了吴王阖闾的喜欢，一路官运亨通。在吴王的四处征讨中，没有见过他立下什么像样的战功，倒是还有在战场上失败的传闻。后来，在吴王夫差在位时更是如鱼得水，直至混到太宰的高位。没有发现伯嚭为国为民做出过一件像样的事情，那他有何德何能升到如此高位？显然，他懂得那种体制下的官场潜规则。他善于逢迎有权力的一把手，善于使用财物，美女拿下自己的领导。如果说这算是一种本领的话，他一定具备这种本领。用这样的方法处事难吗？一点也不难。但是，像伍子胥、孙武这样的君子绝对是不屑于这样做的。

越玉勾践曾向吴王夫差求和，但在伍子胥等众大臣的坚持下受到挫败。在绝望的时候，大夫文种向勾践献谋：“太宰伯嚭贪财好色。吴王敬畏伍子胥但私下里亲信伯嚭。若能以财色结其欢心，使其言于吴王，则和议事能成。”勾践立刻派人在内宫挑选美女八名，连同白璧二十双，黄金千镒，让文种暗中登门拜见伯嚭。伯嚭一见到美色财物，两眼立刻放出异样的光彩。什么国家大计、什么忠君守节，全都忘得一干二净。尽管表面上“倨坐以对”，装得一本正经，但灵魂里可以说是心花怒放。文种的承诺更让他飘了起来：“如果现在灭了越国，越国所有的财富都会归于吴王，你自己什么都捞不到。现在这点美人财物不算什么，‘子苟赦越国之罪，又有美于此者将进之’。而且，若和议事成，越王并非委身于吴王而是委身于太宰。那么越国所有贡献，都先经过太宰再进入王宫，那太宰就可独揽越国的财富了。”他也打起了自己的如意算盘：即便如果有危险，亡国亡族那也是吴王的事，和自己没有什么关系。暗中和越国搞好关系，如果越国强大了，再投靠越国，荣华富贵照常享受。这单生意他一定要做，无本万利。

巨大的财色之惑让伯嚭通体放出贪婪之光，他的灵魂被越国的金鱼钩牵着，开始了在吴国权力间的来回游动。伯嚭很快在夫差面前为越国说好话：“越以服为臣，若将赦之，此国之利也”[1]。而伍子胥很明白这样做的危险，就极力反对。吴王夫差则早已被胜利冲昏了头脑，对伯嚭的溜须拍马满心欢喜，哪里再听得进伍子胥的苦心劝谏？所以对伍子胥越来越厌烦。而伯嚭的行为自然遭到了伍子胥的反对，两个人最终反目成仇。但是，国家此时已经不需要忠贞的臣子了，伍子胥也就失去了生存的空间。伯嚭的谗言不费力就葬送了伍子胥的性命。没有了伍子胥的羁绊，伯嚭在吴国更是如日中天，无所顾忌。伯嚭一次次欺蒙吴王，帮助勾践度过厄难。胆子也越来越大，贪赃徇私的丑事越干越多。贪名远播，连远在北方孔子的弟子子贡也指责他说：“太宰伯嚭用事，顺君之过以安其私，是残

伯嚭的灵魂和越国的鱼钩

国之治也！”[2]

吴王的自负，伯嚭的贪婪，让吴国终于气数已尽。经过多年的卧薪尝胆，越王勾践终于收网了。公元前478年，越王勾践最后一次率师伐吴。这时，吴国已经完全没有了招架之力。夫差此时想到了和越国关系甚密的伯嚭，想让他前往越军求和，但关键之时伯嚭托称有病不出来，夫差只得另派使者去求见越王。越王却再没有给吴王喘气的机会。吴王夫差只好自刎而死。临死之际，请求手下将他的脸用帛遮住。他悔恨地说：“我无面目以见伍子胥！”

然而，对于别人来说这又有什么可叹息的呢？国破山河在，众臣有新君。伯嚭更是早就做好迎接新君的准备了。不过，事情总有太多意外，伯嚭迎来的是一个连做梦也无法想到的讽刺性结局。

越王勾践进兵吴都占下吴宫后，伯嚭以为自己有功于勾践，便面有得意之色地迎上去向勾践拜贺。他以为越王肯定会对他大加赏赐。吴国的江山倒下了，他照样屹立不倒。不料勾践很快就下达了处死他的命令，罪名是：“不忠于其君，而外受重赂，与己比周”[3]。此时，如果他不崩溃的话不知他会有什么感想！他是不是也会像夫差一样以帛遮面呢？

2013-05-01

注释

(1)《史记·越王勾践世家》

(2)《吕氏春秋》

(3)《史记·伍子胥列传》

孔子的敏感与执著

孔子是个相当敏感的人，这应该与他的出生及小时候的生活成长环境有关。

《史记》说“纥与颜氏女野合而生孔子”[1]。在那个时代，贵族和下等人野合而生子是一种很平常的现象，并不一定受社会道德的批判。有贵族身份的男子，只要看上庶民或庶民以下等级的女子，就可以得到她，让她生孩子。即使是纳她为妾了，也不需要像迎娶贵族女子一样办正规的婚礼。对于社会的下层人来说，没有平等、没有自由、也没有尊严。也正是因为这样，王公贵族们占有了很多女人，而很多的社会下层百姓娶不到老婆，社会出现了失衡。墨子就对这一现象进行了强烈批判。

且不说孔子是不是叔梁纥与颜氏女野合而生，出生之后父亲即去世对他的成长也产生了不利的影响。生活在一个单亲家庭，况且家中“贫且贱”，这样的生活环境比较容易使孩子对周围的人敏感。敏感是弱者自觉的自我保护意识。渐渐地，它会使

孩子对别人的言行考虑得过于复杂，它会使孩子因害怕受到伤害而采取过于主动的自我保护行动。而童年的孔子恰恰正是这样一个孩子。

长大后，孔子的敏感性格使他显得更有个性。他更在乎自己独立的思想，不愿意对别人轻易屈就，所以他动不动就选择离开，以致四处奔波寻求理想的栖身之地。离开别人大多是他自己的选择，而不是别人的驱逐。当他感觉到别人有不欢迎他或他可能不受重用时，他就会轻易地选择离开。所谓离开，实际上就是逃避。

孔子很快地升上鲁国大司寇的职位，曾以国相的权力治理鲁国几个月，把国家搞得很有成效。但他一看到鲁君沉于女乐，怠于政事，就毅然告别鲁国。当他在卫国时，卫灵公的夫人很想见他。当二人单独见面后，弟子子路开始怀疑老师是不是有点好色。这下孔子就变得非常激动："吾乡为弗见，见之答礼焉。予所不者，天厌之！天厌之！"[2]没有就是没有，本可以坦然面对。况且两个人只是说说话，而且卫夫人还坐在幕帷中，有什么大惊小怪的呢。而孔子却这样认真地否认，可见他是多么敏感。有一次孔子与卫灵公交谈时，卫灵公表现得心不在焉，"见蜚声，仰视之，色不在孔子"。于是，"孔子遂行，复如陈"。[3]实际上卫灵公当时是真心向他求教问题的，走神一会儿并一定就表明不在乎他。卫灵公可能没有想到孔子是那样在乎他的表情。

孔子是个很有智慧的人，他早就有自己独立的思想。当他承认自己处在丧家之犬的状态时，说明他生活得并不快乐。但他决不让自己的信念屈服。这就是敏感性格了不起的另一

孔子的敏感与执著

面：执著。所以他四处奔波不辞劳苦，决心找一个地方把他的理想付诸现实，发扬光大。但他太纯粹，太求完善，太理想化。而现实怎么样？根本没有那样的土壤。所以，尽管执著也难以成功。

如果他的脸皮再厚一点，或者换一句委婉话说，他对社会、主要是对权力者的适应能力再强一点，他的人生会变成另外一个样子。孔子到晚年时喜欢上了《周易》。那时他说，他很遗憾看《周易》太晚了。他遗憾什么呢？是不是他发现自己原来没有领悟到社会的多样性和变化性？的确，他如果能像管仲、晏子那样灵活地应对国君，容忍他们的恶习，不那么敏感与执著，他肯定也能治理好一个国家。但是，就是年轻时候看了《周易》，他真的就能改掉敏感的性格吗？能放弃追求完美的高傲心态吗？要知道，《周易》还说：有些东西永远都不会改变的。一部《周易》，不会能改变他什么。不知道这一点他是否想到。

当然，对于孔子来说，这并非坏事。如果改变的话他的品德就难以达到让别人感到“高山仰止，景行行止”的境界，他就成不了人们心目中的圣人，成不了后世权贵及贤才膜拜学习的偶像。因为敏感和执著，因为不断失败又不停奔波，他对社会有了更深刻的认识和理解，他终于静下心来著书立说，他的言论终于成为真正的经典。

这让我们再次明白，对于任何一个人，一件事情，都不要简单地以得与失作评说。

2012-11-03

注释

(1)(2)(3)《史记·孔子世家》

圣人孔子与美人南子的那场约会

孔子去南子夫人家甚至可能是在南子夫人的内室和南子聊天，成了孔子弟子们心中的痛。关于这一点，弟子们联想了很多，子路尤其焦躁不安，他像一只没头的苍蝇在同学们面前嗡嗡地撞来撞去。他特别担心老师在这样的美人面前hold不住。

的确，南子夫人是什么样的人。那是一个白富美啊。她是宋国的公主，在宋国时就是有名的美人，长发飘飘，肤如凝脂，手如葱尖，纤纤细步，举世无双。走到哪里都是丫环如云，香风阵阵。白富美嫁给了高富帅卫灵公，表面上日子也不差，卫灵公很宠她。但是，卫灵公心也很花，而且王法也给了他花心的权力，他可以自由地娶妻纳妾。他不仅喜欢她，身边还有很多美女陪伴。她不是卫灵公的唯一。不仅如此，卫灵公还是个同性恋，又有不少美男子和他欢度快乐时光。周朝人都知道，他和大夫弥子瑕好得恨不能同穿一条裙子（那时还没有裤子）。弥子瑕咬过的桃子他说味道好极了，弥子瑕私自使用他的专车他说没问题，想一想这是什么样的关系？南子有时候自然也感到失落寂寞，所以她又和卫灵公的男宠公子朝好上了。当然这都是传言，说不定是假新闻。是不是空穴来风卫灵公都不在乎，所以大家也都不在乎。传闻传着传着就没劲了。但是孔子的弟子们坐卧不安了。他们担心南子打老师的主意，毁了老师的一世英名。如果闹出一段绯闻，南子她无所谓，老师可是伤不起呀。

这样的担心不多余。孔子虽然已经五十多岁了，但名气也一天天见长，这时已经成了举世闻名的公众人物。而且，“孔子长九尺有六寸，人皆谓之‘长人’而异之”。孔子此时更应该是一个魅力迷人的成熟男人，一个典型的高智帅。南子这样一个白富美，自然心气很高，又属不甘于寂寞之类，对高富帅不放眼里，但对孔子有点非分之想是完全可能的。她会认为，她和这样的高智帅切磋，简直是无缝对接。

对于南子的盛情邀请，孔子曾经“畏葸不前”。后来也在弟子面前激动地（看来孔老师有时也真hold不住）辩解说：“吾乡为弗见……予所不者，天厌之！天厌之！”在我们今天人的眼里，孔子相当于唐僧，而南子可能相当于白骨精。唐僧在白骨精面前是没有招数的，虽不想去却不敢不去。但是，弟子们的埋怨似乎也在理儿：你不去不行吗？为什么非要去呢？去就说明你有想法。我们知道，南子让人给你捎了话：“四方之君子不辱欲与寡君为兄弟者，必见寡小君（南子自称）。寡小君原（愿）见。”说这话又如何？她又不是卫灵公不见不

圣人孔子与美人南子的那场约会

行。孔子真是有口难辩，只好对付说：“我们见面时还隔着一层帘子呢。”

这就有点太假了。南子把孔子召去，传说是在她的内室里见他。为什么选择那个地方？隔着那一层薄薄的帘子不过增添了几分朦胧。总之说来谁听了都会有无尽遐想。看见就看见了，孔子没有必要掩饰。人家唐僧被妖精逼到墙角都不变节，见个面又有什么？对了。孔子坚决提倡男女有别，授受不亲。隔着那个帘子是孔子提出的见面条件，如果再不提点要求，那是对自己信仰的背叛。但南子见到孔子就很冲动也很兴奋：这样一个传说中的伟人亲自来到这里，够给面子了，看来自己也有几分魅力。南子与孔子行过礼就解释说：“这个帘子是临时找来的。不过是南方楚国送来的细葛布做的，太轻，风一吹就可能落下来。是不是换一个竹帘？”孔子说：“客随主便。”南子让仆人换帘子的时候就细细打量孔子，孔子实在无奈，也看见了南子的美貌。南子看孔子有点紧张，宽慰他说：“你看起来很年轻，不像五十多岁的人啊。你可是我心中的偶像呢。”孔子尽管已有定力，但还是觉得这话太那个了，不知如何应对，只能客套地说：“谢谢美言，不敢当。”南子说：“你知道我们卫国这儿不讲什么太多礼节，不像宋国是礼仪之邦。我原来在宋国也学习了不少礼仪，但是到这里都荒废了，功夫散了没办法，入乡随俗吧。”孔子说：“正是这样我才想在这里讲些礼。”南子诱导他说：“我们卫国这里最讲的是儿女风情，你又不是不知道，大家都喜欢这样。你能轻易改变？”孔子说：“所以说正道沧桑啊！”南子说：“不过我还是建议你先熟悉这里的习俗。我有个办法，你可以在这里做国相，比在鲁国当个司寇强得多吧。”孔子正在高兴时，南子又说了：“条件是我做你的学生，跟你学习礼仪。你来这里教我。你可以从我这里学习卫国的风俗文化。或许我能给你点正能量。还有，你出来不是为了谋一职位吗？但是你不适应官场的潜规则怎么能行？人家都拉帮结派，在一起扛过枪的、同过窗的……都可以天天在一起喝酒打猎、听歌观舞、联络感情，你带领一帮穷学生到处瞎撞会做成什么事？再一点，人家大夫们都把家族势力作了重点培养，很早就为自己的孩子进官场造势，你好像没做什么。我还听说有个人很欣赏中庸之道，但他自己走中庸之道了吗？”孔子沉默良久，才叹一口气说：“第一，你说的话在很多人看来很有道理，这正是今天社会存在风险的地方。自私和目光短浅会带来无限危害，齐襄公、晋灵公、楚灵王这样给国家造成危难的例子已经够多了。‘天下为公公为道’，时间会证明我的观点才是真理。上天让我来改变这一切，我已经坚持了我的道路，无法改弦更张了。第二，对不起了，我想我无法收女弟子。不然的话我的弟子非把我吃了不可。”孔子后来没敢把南子的亲昵行为告诉弟子们，否则，弟子们非要求散伙不可。

就这样，在弟子们看来，和一个很有风情的美女私下见了面，事情就可以定性了，至于中间怎么回事到什么程度已经不重要。所以孔子觉得这一回很委屈。他故作轻描淡写又再三解释说真的什么都没有看到，只是听到了悦耳的玉佩碰撞的声音。弟子们由此更加感慨不满，老师这样理性的圣人，对玉佩的声音竟然记这么清，这难道还不够吗？孔子想，除了起誓，现在什么也不能说了，多说也只能是越描越黑。再说，有些话是属于隐私的，自己很坦荡不怕什么，但因为自己给南子和卫灵公带来不好的政治影响，那也不是君子的行为。

可见，真是做名人难，做一个弘扬正道的老名人更难！和自己的一个铁杆粉丝见一面，即便带一个女弟子，难道就一定会成为衣冠禽兽吗？弟子们那样乱想，让孔老师情何以堪！

不过南子看来确实没有尽兴。接着又邀请孔子同车出游，想再找点感觉，看孔子能不能给点回应。而这回有卫灵公作伴，孔子倒更有了抵制不良诱惑的底气，心里不再有一种做贼偷人的感觉。整个巡视行程中，孔子都是那些令人敬畏的领导和学者在官方场合表现出的正人君子的标准形象。这让南子最后失望了：“切，他不是我们圈里混的人。爱哪哪去。”南子这么一表态，卫灵公也没有好脸给孔子了。卫灵公对孔子越来越冷淡。孔子把气撒到了卫灵公头上：“吾未见好德如好色者也”。无奈，只好骂骂咧咧地又一次离开了卫国，转往南方寻找机会。

2013-04-17

孔子挨骂源于他的大 V 身份

春秋的贵族不用劳动。从《诗经》的记载看，从历史的资料看，都没有发现贵族参与体力劳动的。很多贵族脑力劳动也懒得做，一切事情都有下人打理，他们用不着操心。不劳而获是贵族的身份标志之一，比如周王家族，尽管已走向没落，但仍然天天笙歌燕舞，射猎淫乱。贵族不劳动，没有谁骂他们。他们这样的生活方式叫天经地义。到后来曹刿突然喊了一声“肉食者鄙”，人们才发现，这种“天道”有点不对味儿。

孔子不是真正的贵族。真正的贵族不存在四体不勤、五谷不分的问题。孔子被骂，就因为他不在贵族阶层。孔子的身份地位就在“士”的阶层。在大家的共同观念里，这一阶层的人有一定地位，但勤劳是本分。另一个很有名的大众意见领袖墨子，从身份上看，连“士”阶层也没有进入，顶多就是庶民。他也带了一大帮学生经常进行理论研讨，倾心于思想领域的探索，但没有受到人们这样的攻击。为什么呢？墨子他们一直没有放弃农业生产和手工业的创造，可谓能文能武的双面手。所以，如果身不在贵族之列而天天“游手好闲”，在大家眼里，不是吃饱撑的，就是饿成疯子了。

还有，孔子是个大个子，是个很好的劳力，却对农业没一点兴趣。孔子不光自己不干活，还带领一大帮身强力壮的青年劳力到处“转悠”，不仅如此，还有更多的人都要跟着骚动，追着先生的马车四处乱跑。这么多人不去做好本职工作，不去搞农业生产，而天天搞那些既不能吃又不能喝的空洞理论，在众多的正统眼光里，孔子自然是不务正业（当然他们不知道，夫子比他们更正统，他们无法理解夫子的鸿鹄之志）。幸亏是在春秋乱世，如果是在统一的王朝里，孔子很有可能被看成是到处招摇撞骗、惹是生非的大V，不被揪出来处理掉才怪。大V是什么？是在社会上拥有很高知名度，在舆论上、思想上具有广泛影响力，有众多粉丝、铁丝而且自己没有进入权力阶层、没有贵族身份的人物。

实际上，孔子就是这样一位大V。当然，他是一个负责任的、情操高尚的大V，他没有辜负大V的虚名。孔子挨骂也因为他是大V，如果是个小人物，恐怕只有他家里人骂他。事实上，他的粉丝远比骂他的人多。孔子因为有才智又勤奋，拥有人数众多的粉丝，成为不少人心中的偶像，走到哪里都是一道不折不扣的风景。鉴于他的知名度，王侯大夫渐渐把他奉为府上贵宾。但是，孔子并没有获得尊贵的贵族身份，并没有进入“大夫”圈子。贵族有“刑不上大夫”的特权。孔子还没有得

孔子挨骂源于他的大V身份

到这项特权。

孔子的大V身份也是他处处遭遇尴尬的重要原因。如果有晏子那样的出身，他就不需要去做大V。以他的性格，他可以在一个国家里理直气壮地推行他的理念，而没有必要四处奔波，把很多的时间和精力花到谋求地位上。也不会再有人骂他四体不勤，五谷不分。如果像鲁国三桓，更不屑于做大V。即使像开方那样没用的贵族公子哥儿，到外面游荡也不会有谁敢对他说三道四。他在鲁国尽管做过大司寇那样的高官，但也只是个临时聘用人员。和那些坐享先辈功业的大夫相比，他没有安全感、稳定感、自信心。

也许，“士”阶层的人最适合做大V。他们有向贵族阶层靠拢的动力。庶民和奴隶难有这样的条件。墨子是一个例外。

从孔子身上看，真正的大V可能是奋臂疾呼却不能改变根本现状的先行者，是孜孜不倦、特立独行又怀着高远梦想的苦行僧。他可以很有名，貌似很有影响力，短期内却改变不了什么。

但是，这样的大V更像贵族和庶民的桥梁，不可或缺。

2013-08-28

历时漫长的夺国“大阴谋”

一个改变落后、衰败政权的
先进、合法、值得肯定的手段

这个跨时超长的阴谋用了多长时间？谋划始于春秋中早期的公元前672年，最后目标实现于公元前386年，经历了长达286年的时间终于如愿完成。

这是一个什么样的阴谋？一个夺国大阴谋。一个家族从另一个家族手中夺取了国家政权。

谁能主导这样大的阴谋？田氏家族。田氏家族代代潜伏齐国，寄生于齐国，发展壮大于齐国，最后成功夺取了齐国吕氏的政权，成为统治齐国的最强大家族。

怎样看待这场大阴谋？可以说，它是改变一个落后、衰败政权的先进、合法、值得肯定的手段。另外，人们都喜欢说

“富不过三代”，但是，从田家的成功经验看，只要传承有方，与民同在，十代八代又何尝不能?

田氏家族的祖先叫陈完，原来是陈国的公子。因为陈国国内发生了内乱，他害怕殃及自己就逃到了当时的大国、强国——齐国。后代改姓的原因不很复杂，古代“田”与“陈”音义略同，他的后代改姓了田。当时齐国正是豪情万丈、侠义满腔的齐桓公执政，陈公子的投奔自然受到了齐桓公的热情接待。因于他的身份，齐桓公想封他为卿。但谦虚的陈完坚辞不受，他说：“羁旅之臣，幸得免负檐，君之惠也，不敢当高位”。[1]齐桓公于是同意他做了齐国的工正。工正是做什么的呢？“五雉为五工正，利器用，正度量，夷民者也”。[2]掌管着齐国的工匠营造，管理着全国的百工，虽然官职不大，却控制着整个国家的手工业生产。正是这个不起眼的职位让目光长远的陈完能够耐心地、不动声色地积累财富，壮大家族势力，并发动群众，与广大基层百姓打成一片，为他家族日后的崛起奠定了扎实基础。

他的这项工作做得有声有色，为齐桓公称霸诸侯做出了不小贡献。陈完死后，他的后代顺利承袭了这一职位。由于家族谋划长远，传承有方，积淀深厚，他的第四代传人田文子受到了齐庄公的高度赏识和宠爱。田文子死后，他的儿子——田家的第五代传人——田桓子继承爵位，继续受到齐庄公的宠爱。在齐庄公四年时，田桓子走出工正职位，初涉朝廷大事。他力排众议，果断然出兵攻打卫、晋两国并取得了胜利，在朝中赢

历时漫长的夺国“大阴谋”

得了荣誉和地位。齐庄公将自己的女儿孟姜嫁给了他，田家由此稳步迈进了齐国贵族的圈子，成了无人小看的齐国新贵。

经过数代财富积累，田氏家族已经有了强大的经济基础。进入了齐国的贵族圈子后，开始了有计划的参与政治斗争、积累政治资本的行动。从田氏施行新政、争取齐国民心就可以看到它们的阴谋计划。齐景公时，公室、仓廪、中布、帛、稷、粟都放得腐烂生了虫子，人民却生活无着。饿殍载道，劳役不止，出现了“国之诸市，屦贱踊贵”(3)的异常现象。而当时的田氏家族则向百姓借贷粮食时用大斗借出，而还贷时用小斗收租，与国君领导的公室形成了明显的反差。所以，大家纷纷向田氏靠拢，国家居然形成了“公弃其民，而归于田氏”(4)的奇异景观。在政治领域，早在田桓子时，田氏已积极参与维护齐国稳定大义的政治行动，跟随齐国大家族高氏、国氏清理了庆封的乱政。后来，田氏又进一步参与家族势力间的斗争，与鲍氏合作，灭了栾氏、高氏二氏。

公元前481年，田氏家族发展到田成子时代。这时的田氏家族势力已经相当强大，到了有足够能力对付国君的地步。当时是齐简公执政，田成子与另一位大臣监止一起任左右相。齐简公害怕又不满田家的强大势力，就宠信监止冷落田成子。财大气粗、掌握着齐国经济命脉的田成子已经不能像先辈那样耐着性子继续忍让了。于是他一面继续执行田氏“修公行赏”笼络百姓的计划，进一步赢得齐国百姓的赞誉，一面寻找机会。终于有一天，他的势力毫不费力地杀掉了齐简公与监止等诸多公族宗室。

被先祖挥霍过度的吕家王朝，在田氏面前已手无缚鸡之力。没有谁对田成子杀君的行为敢有所非议，恩威并用的田成子顺顺当当地立了齐国新国君齐平公，他自己则毫不客气自任相国。当然，此时齐国的政权实际上已经完全落到了田家手中。

公元前391年，陈完的十世孙田和（即齐太公）已不再满足于垂帘听政，终于让吕氏家族的齐康公成了最后一位吕氏国君。公元前386年，田和友好地将齐康公流放到海岛上，自立为齐国国君。想得到大家的认可，还需要周王朝形式上的册封。这一关更为容易，因为周王朝已经风雨飘摇、形同摆设。同年，周朝国王周安王无可奈何地册命他为齐侯，以官方手续正式承认了齐国王权的家族变更。至此，经过整整十代人的不懈努力，熬过了齐国十七位国君，田氏的夺国行动终于结出了饱满的果实。姜子牙的后代们毫无反抗地将政权交给了早已做好准备的田氏家族。

从田氏家族的发展经历来看，他们有明显的持之以恒的发展规划和家族训诫。他们的家族治理水平让人叹服。这个计划的初稿应该是陈完制订的，他的自身条件和处境具备酝酿一场大谋略的条件，他的后代则在家训的指导下，进一步结合实际完善了他的计划。所以有理由让人想到这是一场史无前例的阴谋。尽管是一场持久的阴谋大略，但它是以赢取民心为手段实现的，它的管理思想的精华是得到民心，和平演变。它顺应了历史的潮流。尽管其为民的目的是司马昭之心路人皆知，但另一方面，由于吕氏家族作为统治者，有能力为民而不为，交出政权也没有人对它惋惜，没有谁对田氏进行声讨也属正常。田氏的这场阴谋因而也不会显得多么不义。

2013-03-23

注释

⑴《史记·陈杞世家》

⑵《左传·昭公十七年》

⑶《左传·昭公三年》

⑷《晏子春秋·内篇·问下第四》

乐羊只是捡了一块更大的金子

尽管是绝对的男权社会，但春秋时惧内的男人也不少。鲁桓公正夫人娶的是大国的公主文姜，他害怕她背后的娘家人，经常就低声下气。以至于两口子一起到齐国访问时，文姜竟敢与她的异母哥哥齐襄公私通。最后鲁桓公自己又不明不白地把老命送在了那里。不过，被老婆威逼尔后事业成功的也大有人在，春秋末期（战国初期）的中山国国民乐羊算是比较典型的一个。很多人似乎都认为乐羊之妻是一个勤劳善良、贤惠温顺的东方女性。也许，勤劳是没有问题，但是不是温顺恐怕只有乐羊先生心里最清楚了。

实际上，乐羊没有出生在有权势的大贵族家里，自己又没有本事入仕，甚至没有能力发点小财，所以受到了老婆的白眼、轻视。还好，有一天运气来了，他捡到了一块金子。他以为这下发了大财，今后在女人面前会挺起腰杆，于是欣喜若狂地拿回家，希望老婆见面就会夸奖一番，没有想到老婆没有一点喜色，一盆冷水泼到他头上："捡一块人家的金子有什么了不起！能够吃一辈子？一个堂堂七尺男儿，不去学些有用的知识，将来做大事，反而天天呆在家里，会有什么出息？"

乐羊这才被一盆冷水泼醒，开始外出求学，争取混出个人样。坚持了一年，还只是学了个皮毛的时候就想老婆想得受不了了，急急忙忙回到家，也许以为有两下子就够了。但老婆还是没有放下脸子，拿出剪刀就把辛辛苦苦织的布给剪断了，告诉他说："你现在半途而废，不愿坚持到底，不是和我剪断的布一样可惜吗？"说实话，碰上了这样要强的老婆也真是没招。乐羊想赖在安乐窝里，像一个"微生物"一样得过且过度日已经不可能了，所以就背起行囊，二次外出求学。这一次貌似深入，学了七年之后才回到家里。乐羊因为他老婆的逼迫出了名，这时间别人纷纷赞扬他数年如一日的求学精神。他也踌躇满志，意气风发，向别人吹嘘："以我现在的知识，给我小差事也不会去做。"虚假的广告只要做得多，也会有一定效果。他的故事引起了魏国国君魏文侯的注意。

魏文侯正想灭掉中山国，又很喜欢贤能，就决定聘乐羊为帅，攻打中山国。魏文侯对攻下中山国并不担心，因为两个国家实力悬殊。他之所以想用乐羊，因为这人有个好名声，而且老家是中山国，对那里的情况比较熟悉。乐羊则盘算着，这个官还行，虽有点屈才，但也可以把自己的实力证明给别人看，于是欣然接受。

乐羊带着魏兵经过长时间的围攻，中山国总算是攻了下

乐羊只是捡了一块更大的金子

来。但他也付出了失去儿子的代价。他的儿子还在中山国做官，由于他不退兵，中山国人杀了他儿子。然后把他的儿子做成肉汤让他喝。为了求得一个胜利，他居然能够喝下敌人用儿子肉做成的汤。让人们无法理解的是，虽然胜利回了国，他对此并无疚愧，没有表现出深刻的失子之痛，还像没事人一样。魏文侯看到后，嘴里没说什么，但感觉到这个人太冷漠太自私，不可信用。于是，就找理由剥了他的军权，给他一片领地，让他享受去了。

乐羊算不算成功？从纯功利的角度看，他是成功了。他得到了国君的重用，得到了重赏。但是从做人的角度看，他依旧是失败的。他出门那么多年，可能学到了不少兵法，却依旧没有学到如何做人。他的所作所为，实质上与捡到一块更大的金子拿回家似乎没有多大差别。

而人的立身之本是什么？是做人，是心中拥有天下之道。一个平常的人还需要学会做人，一个具备一定知识能力，能够做一定大事的人，更需要在道德修养上超越平常人，需要在道义上站得更高看得更远。否则，他带来的副作用可能更大，影响可能更恶劣。乐羊在攻打中山国时，就有众多的大臣向魏文侯反映他想谋反，说明至少他在思想行为层面可能存在一定的问题。得胜归来面有骄色，更说明学习那么长时间后，他的修养还是差一些。

乐羊是被逼着出去学习的，不是出于内心想学。这样就有可能使他的学习带有强烈的功利色彩。他在学习出人头地的技巧，而不是治国安邦的大计，这样的学习虽然花了不少时间，仍然会偏离正确的方向。最后的结果是无法在思想上进行自我超越，而只是变得更加虚伪、更加功利。被老婆逼迫，乐羊为了捡到一块“更大”的金子，却残忍地喝起了自己儿子的肉羹。别人都觉得难以接受，他自己却不以为耻、反以为荣。这是他孜孜不倦学习来的真经吗？

人可以逼出创业劲头，逼出辉煌的成绩，逼出一定深度的知识水平，但能否逼出来走天下正道的善良天性，则不一定。也许，这一点就不是能逼出来的。如果要让一个人有所作为，如何培养出这些东西才是需要认真思考和值得探讨的。如果能够的话，其实只要有这些美德，所谓的功名利禄，都会相形见绌了吧。

2013-02-22

《诗经》里的“祝英台”

我们曾嘘唏感慨梁山伯与祝英台的悲剧爱情故事，因为他们的爱，太纯美、太圣洁、太让人绝望。不过你可曾知道，《诗经》里也有这样至诚至美而又让人哀伤的爱情故事。故事大约发生在2700年前的春秋时代。《诗经》里的爱情诗中，有一首幽咽吟出了女主人公寸断柔肠般的悲情。这首诗就是《国风·王风·大车》，全诗短短的就这么几句：

大车槛槛，毳（cuì）衣如菼（tǎn）。岂不尔思？畏子不敢。大车啍啍（tūn），毳衣如璊（mén）。岂不尔思？畏子不奔。谷则异室，死则同穴。谓予不信，有如皦（jiǎo）日。

这首诗曾被人们赋予了很多优美的传说。但不管怎么想象，它的基本内容是很明确的。那就是一对相爱至深的恋人被人强行拆散了。他们本来已经成了一对鸳鸯，彼此不能再分离，但无情的现实击碎了他们的“执子之手，与之偕老”的

《诗经》里的“祝英台”

美丽梦想。诗里描述的景象多么令人伤感——迎娶新娘的车辆在路上行走着，车子慢慢行使在坑坑洼洼的路上，发出的声音此时在女子的心中是那样沉闷、哀婉。她已经穿上盛装，被逼迫嫁给一个她不爱的人。虽然她表面上没有能力反抗这样的婚姻，但她心里没有放弃自己的真爱。这时候，男子和她短暂相见了。也许男子误解了心爱的人，同时又由于“父母之命，媒妁之言”的约束，他没有勇气坚决彻底地向她表达爱情。在春秋时代，父母对孩子婚姻的约束已经成为很强大的习俗。青年男女之间没有相互往来的禁忌，爱情上有很大的自由空间，但到谈婚论嫁时情形就不同了。父母对孩子婚姻支配的权力很大，而且一般离不开媒人的沟通和安排。有了这样的栅栏，许多自由的爱情就化成了泡影。这时的男子就很愤怒，也很绝望。但女子知道他是多么爱她，而且，她也从没有放弃自己对爱的追求。她没有屈服现状，没有变心移情。她在向心中的恋人哀伤悲愤地述说：“你不思念我吗？不是的，相信你对我的爱，但是你却没有胆量行动！相信你炙热的感情，你却不能勇敢地和我私奔！”女子最后绝望的表白让诗的品质升华到至高境界：“既然活着不能在一起，那就死后埋在同一个墓穴里吧，你要是不相信我说的话，有天上明亮的太阳为证！”她感觉到自己受到了心爱的人的误解，她不能让自己清白、忠贞不渝的爱受到怀疑。另一方面，面对残酷的现实，女子对于和心爱的人在一起生活也已没有了信心。她要和心爱的人同赴黄泉，这样即使活着不能相爱，死后也能相聚了。不能活着相守，宁愿死后相爱，何等伟大的爱情绝唱！死后的相爱才是永恒的。不管过了几世纪，相爱的人依然是你。

这首诗不觉让人联想到《孔雀东南飞》里的情景：“其日牛马嘶，新妇入青庐。奄奄黄昏后，寂寂人定初。我命绝今日，魂去尸长留！揽裙脱丝履，举身赴清池。府吏闻此事，心知长另离。徘徊庭树下，自挂东南枝。”

同焦仲卿与刘兰芝、梁山伯与祝英台的爱情故事一样，他们爱的太纯情，像最美的碧玉，不含一点瑕疵，像天空洁白的云朵，没有一点尘土的玷污。他们的爱太神圣，他们的故事已经成为一首首流传千古的诗篇，征服了在爱情中勇敢的和懦弱的、专一的和轻浮的、幸运的和不幸的所有人们。他们对爱的追求勇敢、执着。他们为爱放弃生命的行为跨越了世俗人们的所有羁绊。爱情就是他们生命的全部。

实际上，在二十多年前，在今天这样自由的社会，我还亲眼见到过这样的悲剧。人类同样的悲剧为什么会一次又一次重复出现？难道人性并没有得到什么真正意义上的进步？

2012-12-26

春秋搞对象，媒人不能忘

历史进入到封建制度进一步发展的春秋时代，人际间的关系也发生了很大的变化，其中有一项就是婚姻关系。早在奴隶时代，多数人连人身自由都没有，更无从考虑自己和自己孩子的婚姻问题。多数人生下的孩子，都被贵族统管了。那时贵族领导们的需求量就很大，光天子就需要很多女子。规章明文规定："古者天子，后立六宫，三夫人、九嫔、二十七世妇、八十一御妻，一听天下之内治。"[1]这样算起来，他一个人就要霸占一百多个漂亮女子，这还不包括为他们以及他们的夫人们服务的仆人。当然，是为了政治需要，为了使国民家庭更和谐，百姓能够安居乐业。但产生的结果是，很多社会的下层人都没有机会找到一个女人，也没有自己的家，婚姻自然无从提及了。

随着封建分封制的发展，很多人拥有了自己的家，人们开

春秋搞对象，媒人不能忘

始普遍地谈婚论嫁。但是，官家也制定出了更多规范的婚姻礼仪对婚姻进行约束，有一项就是必须由媒人做媒。起初那些规矩只是对贵族婚姻的约束，由于贵族的婚姻方式在社会上有很大的影响力，庶民也都纷纷效仿，整个社会便渐渐形成了搞对象必须要媒人作介绍的风俗。

事实上，“父母之命，媒妁之言”很快成了一种习俗，成了男女婚姻不能跨越的门槛。后来的《孟子·滕文公下》对此曾有专门的陈述：“不待父母之命、媒妁之言，钻穴隙相窥，逾墙相从，则父母国人皆贱之。”可见，自由恋爱的人们想要真正走到一起，需要面对的是社会的强大压力。

我们从《诗经》中就可以看到，媒人在婚姻中的地位是多么重要。有一首《伐柯》的诗写道：“伐柯如何？匪斧不克。取妻如何？匪媒不得。伐柯伐柯，其则不远。我觏之子，笾豆有践。”这首诗主要表达的意思就是：如果喜欢上了一个人，和她搞上了对象，想结婚也不能没有媒人。要做斧柄怎么样？没有斧头不可能。要娶妻子怎么做？没有媒人娶不成。做斧柄啊做斧柄，那个规则就在眼前。我虽然遇到了你，喜欢上了你，但是没有媒人就不能在一起，就像祭祀的酒器是要按顺序摆放的（结婚也得遵循有媒人的规则）。全诗就用了一个比喻，用斧柄比喻搞对象，用斧头比喻媒人。在古代想结婚没有媒人，没门！《诗经·氓》中的女子也讲了媒人的重要性。她对向她求爱没有成功的男子说：“匪我愆期，子无良媒”。不是我不爱你，不是我在拖延日子啊！是你没有找个好的媒人。

在那个时期，尽管有很多男女能够大胆地表达爱情，追求爱情，但似乎大多都没有脱离媒人的介绍。没有父母让媒人做媒，有的男女尽管有爱也难以成婚。《柏舟》就是一首女子埋怨父母不同意她的爱情的诗。她有自己的爱情，但父母不同意，她很怨恨父母，但却无可奈何。

有的人敢冒天下之大不韪，却也付出了不小的代价。鲁宣公的弟弟叔肹就就是个典型。按照那时的规矩，像叔肹这样地位显赫的人，必须由国君出面向其他异姓诸侯国提亲，并完成纳采、问名、纳吉、纳征、请期、亲迎等六道程序后，方能将女子娶到家，但是叔肹却没有理会这一套，直接将女子领进家门，“非法同居”到了一起，不仅如此，还生了个大胖小子。对于叔肹的大逆不道，他的嫂子，也就是鲁宣公的夫人穆姜很是恼怒，她怎么都不愿接受这段婚姻（那时候，很多妇女倒往往是封建卫道的中坚力量），她说：“吾不以妾为姒。”[2]按照周礼，她在管理家庭方面是有绝对权威的。“天下内和而家理”[3]都是她的责任，也就是说，她不仅能管自己家族中的女人，还可以管理全国的女生事务。她管不了叔肹，但是叔肹的女友就麻烦了。她生下儿子声伯后，就被鲁家毫不留情地遗弃。由此，我们可以理解《诗经》中描述的女子拒绝男士要求私下同居时的心情，“士之耽兮，由可说也；女之耽兮，不可说也”。[4]男生放纵之后什么事都没有，女人可就惨了。叔肹的同居女友后来嫁给了齐国的老头管于奚，生下两个孩子后便成了寡妇。

应该说，有不少男女之爱，虽然爱得轰轰烈烈，爱得全心全意，爱得温柔浪漫，但最后大多不能成功。像《关雎》：

“关关雎鸠，在河之洲。窈窕淑女，君子好逑。”很美好很浪漫。对象虽然搞得很轰轰烈烈，也许结局会和《柏舟》中那个女孩子一样。另外，自由热烈的爱情不能成功，也许还有这样的原因：初恋时，并不懂得爱情。

2012-12-31

注释

(1)(3)《礼记·昏仪》。

(2)《左传成公十一年》

(4)《诗经·氓》

士大夫们如何押注未来

春秋时期神奇的地方在于：即使生活在最高的权力层，也难确定明天会发生什么。所以不少人只在乎今天过得怎么样，而不考虑明天如何。相当多的人表现得很短视。而对于在乎未来、考虑长远的人来说，面临的选择局面也像是不知道输赢的赌博。

明天存在着太大的不确定性，别说是爵位、财产，有时候性命都不知道能不能保住。别说做错一件事或说错一句话，有时候，话说出去还没有感觉到不对，就已经掉脑袋了。郑国的大夫关其思就是这样的倒霉蛋。郑武公明明想要攻打胡国，反而把自己的女儿嫁给了胡国的君主。他故意问大臣们："我要用兵，可以攻打谁？"关其思不假思索地回答说："可以攻打胡国。"郑武公立刻下令把他杀掉，并且十分恼怒地说："胡，兄弟之国也。子言伐之何也？"[1]胡国君主听到这件

事，就屁颠屁颠地把“狼外婆”岳父当成了真正的亲人，不再防备他。郑国则在一个风高月黑之夜偷袭了胡国，轻而易举地灭了它。关其思虽然说的是真话，但没有说到点子上，一条小命就毫无意义地“报销”了。

引发混乱和导致不明朗前景的潜在因素还时刻存在。这是因为国君有太大的权力，他对谁都可以生杀予夺，处理事情又有很大的主观随意性。社会上没有可以约束他手中权力的章法，他的权力得不到有效监督。由于可以为所欲为，周围的利益矛盾很容易被激化。这样，国家权力的继承通常存在很大变数，国君的兄弟们、孩子们大都虎视眈眈地盯着王位。只要有机会，就会蜂拥而上，为权力拼得你死我活。

尽管对大的局势无能为力，难以把握未来的变化，还是有不少士大夫在积极应对，尽量看守好自己的爵位、财产，或者尽可能让自己的子孙们将来赢得贵族地位。他们往往提前谋划，及早布局，在最合适的国君后代身上下注。不管是多头押注、还是单押一方？怎么谋划其实都是无奈的选择。

晋国的重臣狐突是个非常有智慧的人物，他喜欢集中押注。起初他把赌注都押在了晋献公身上，把两个女儿狐季姬、小戎子都嫁给了晋献公诡诸，她们分别生了重耳、夷吾两公子。不管能不能继位，他的外孙毕竟都是公子。他又把两个儿子作为赌注都押在了重耳身上。狐突认为重耳的品行比较好，不管风险如何，就让两个儿子都跟了他。按照规划，日子本来应该过得优哉游哉，但晋献公因宠爱骊姬把国家搞乱，风险接二连三的出现了。后来，夷吾捡便宜继承了君位，德能兼备的

士大夫们如何押注未来

重耳就成了眼中钉。重耳不得不带着那些追随者向外逃窜。虽然儿子在效忠对手重耳，夷吾碍于情面没怎么为难狐突。提心吊胆的日子过了多年，夷吾的儿子继位，成为晋怀公后却翻脸不认人了。晋怀公以狐突不能让两个跟随重耳的儿子回来受罚为理由把他杀掉。可让他天堂灵魂有所慰藉的是，重耳最后上了位，他押给两个孩子的注是押对了，把他的家业、地位传承了下去。在那样反复无常的混乱形势下，朝中重臣有这种结局也算是比较好的了。

鲍叔牙则更是一个了不起的人物，他似乎更喜欢多头押注。他以独有的慧眼培养了一个极有潜力的朋友——管仲。他可以说是一个极具智慧的长线投资者，当他购买管仲这只股票时，管仲是一只典型的烂股，经常挂在跌停板上。但鲍叔牙就是认准了他。之后，鲍叔牙又看出齐僖公之后最有潜力的两个接班人，公子纠和小白。但是拿不准哪个能够继位，于是就让管仲和自己分头押注，自己追随小白，管仲追随公子纠。鲍叔牙的两头下注获得了很大的成功，小白成了齐桓公，掌管了国家政权。他顺理成章成了功臣。同时他又救下了管仲，之后二人便在朝中如鱼得水。

当然，尽管押注是一种无奈之举，但也有明确的方向，要符合正义的规则，要在天下大道上做选择，就是他们所要追随的人都应是综合素质较高的潜在继承人。这样的人往往能够让众人心向往之，继位后地位稳定的可能性更大。说素质较高也只是相对而言。因为没有完善的教育经历和有效的监督制约，素质也高不到哪里，只是做事更讲究信用一些，性格更为善良一些，贪财好色的程度轻一点点而已。没办法，就那么大个圈子，只有在瘸子里面挑将军了。

也有很多押注失败者，大多都是由于没有把握好这个重要的方向。当然也有少数纯属倒霉的，召忽就属于这种情况。相传，那召忽少负才名，胸有大志，喜研军国治理之术。公子纠爱慕他的才华和谋略，就拜他作了师傅。但他们不幸遇到了更强的对手小白，最后他和公子纠一同丧命于鲁国。仅仅因为选择的错误，一切就这样结束了，赌局多么残忍！

注释

(1)《韩非子·说难》

没有崩坏的敬老大礼

周王朝的那一帮老贵族们，渐渐忘记了祖先艰苦奋斗、勤俭建国的精神和作风，过起了养尊处优的享乐生活。太闲时无聊，他们就想着把等级森严的制度进一步维护好，于是把功夫下在了细化周礼上，以至于把周礼搞得像毳毛一样细。它对人们走路的速度都有详细的规定。如在外边时可以小步快走，但走到主人家帘子外的时候就不能小步快走了。在堂上的时候要小步慢走。手里拿着玉的时候要小步慢走。在堂上行走步子要小，脚印要相连续。在堂下行走就要迈开步子。

不过，事情有一弊也有一利，有些方面的礼仪值得大家坚守。如敬老的规定就很不错："谋于长者，必操几杖以从之。长者问，不辞让而对，非礼也"。与长者一起饮酒，"长者举，未釂，少者不敢饮"。"长者赐，少者、贱者不敢辞"。另外，超过五个人在一起吃饭，要给长者单独备一个桌子。在打扫卫生方面，“凡为长者粪之礼，必加帚于箕上，以袂拘而退，其尘不及长者，以箕自乡而扱之”，一定不要让灰尘落到老人身上。至于贵族长者，年老时待遇更是非同一般。“大夫七十而致事，若不得谢，则必赐之几杖，行役以妇人。适四方，乘安车。自称‘老夫’。”(1)贵族老头儿才有资格自称“老夫”，怪不得有些蛮不讲理的老贵族会给人一副“倚老卖老”的嘴脸。还有，那时人们必须遵循的道德标准有“六顺”，其中最重要地一顺就是对于自己的父母要做到“子孝”。

到春秋时，虽然出现了所谓“礼乐崩坏”的现象，但并不是所有礼节都被荒废，敬老的礼节就被人们很好地坚持下来。人们依然坚持提倡：“敬，身之基也”，“敬，德之聚也”。(2)郑国国君郑庄公以叛逆而知名，破坏了很多周礼，但对于敬老礼节却网开一面。郑庄公非常尊敬颍考叔，是因为“颍考叔，纯孝也”。(3)

姬姓诸侯国因为与周先王更亲近，往往坚守着更多周礼。在对待老人问题上似乎毫不含糊。晋国权臣赵盾就非常在乎尊老。一次他在首阳山打猎，在路上看见一个面黄肌瘦的人，就上前询问他怎么了。那人说：“我已经三天没吃东西了。”赵盾立刻让下人将食物送给他吃，可他却留下一半，赵盾问他为什么留下一半，他说：“我离家已三年了，不知道家中老母是否还活着。现在离家很近，我想把留下的食物送给她吃。”赵盾听后，就让他把食物吃完，另外又专门为他准备了饭和肉食。相传晋平公在位时，他的母亲悼夫人看到替（她娘家）杞国筑城的役人劳作很辛苦，就把一些食物赏赐给他们，让他们改善一下生活。这时候，有个与众不同的老头儿也加入人群中接受食物。按规定，这样的老人是应该有人养活的。大家问他原因才知道他是绛县人，年老无子，而且年龄已经七十三岁了。当时的执政大夫赵武知道后，就向绛县的县大夫了解真相，发现这位老人是他的属吏，就责问他为什么会发生这样老无所养的事情。确定了是县大夫的责任后就把老人召来向他当面道歉，并分给他田地。接着，赵武把他原来的上司舆尉给撤了职，居然让他当了绛县的县师。在尊君和敬老的关系上进行比较，似乎敬老要比尊君更重要。宋国人长万一怒之下可以杀掉自己的国君，但是逃跑的时候还不忘记带上他的老母。

非常遵周礼的鲁国，更是孕育出了一个讲礼至诚的孔子。孔子对于孝道问题极其重视，曾多次表达自己关于孝敬老人的观点。为他驾车的樊迟问他什么是孝道，他回答说："生，事之以礼；死，葬之以礼。"这就是孝道。孔子还认为，单纯在物质上赡养父母不足谓孝。"子游问孝。子曰：'今之孝者，是谓能养。至于犬马，皆能有养；不敬何以别呼？'"[4]弟子宰我有一回发牢骚说："父母去世后，守孝三年时间太长。"当即被孔子骂了个狗血喷头。

因而，孔子的门徒更有至孝的故事产生，曾子大概是对老人最为孝敬的一个。相传齐国曾聘请曾子，想让他担任卿的官职，他却不去就职，理由是："我的父母都年老了，接受人家的俸禄就要担忧人家的事情，我不忍心远离父母去为别人做事。"曾子不仅孝顺自己的亲生父母，对后母也极尽孝道。后母对待曾子并没有恩情，但曾子对她的供养并没因此变差。曾

没有崩坏的敬老大礼

子说："往而不可迎者，亲也，故孝欲养者亲不待，是故椎牛而葬，不如鸡豚之逮亲存。初吾为吏，禄不及金，尚欣欣而喜者，非以为多也，乐其逮亲也。既没之后，吾尝南游于楚，得尊官焉，堂高九尺，转尝百乘，然犹北向而泣涕者，非为贱也，悲不逮吾亲也。故事贫亲老，不择官而仕。"(5)他说这番话所流露的心情是，自己虽然在外做了大官，但不能亲奉老人，仍然心中忧伤。为了伺候老人，宁愿放弃做官。不过，曾子的观点与孔子有点不一样，他认为，父母年岁日高，亲情在世不多，与其在老人去世之时花费巨资于葬礼，不如生前尽其微薄之财，尽心照顾双亲。

那时，人们在穿着上等级是非常分明的。不同档次的布料服装由不同等级的人穿，丝绸这样高档的衣裳只许贵族穿，庶民以下等级的人是不可以穿的。但是如果一个庶民年龄过了五十岁，就可以破例享有"贵族"资格了。因为有共同的观念在支配着大家："父兮生我，母兮鞠我；推我畜我，长我育我，顾我复我，出入腹我"(6)。

2013-04-13

注释

(1)《礼记·曲礼》

(2)《左传·僖公二十三年》

(3)《左传·隐公 元年》

(4)《论语》

(5)《韩诗外传·卷七》

(6)《诗经·小雅蓼我》

春秋，有这样两位传奇女人

春秋曾有过两位非常不一般的女人：一位是百里奚的妻子杜氏。这个女人，鼓励丈夫离家下海闯荡，自己带着孩子孤儿寡母艰难生活了几十年，后来又曲折离奇地找到了老年得志的丈夫；另一位是曾经迷倒一群男人，最后迷得楚国大夫屈巫携她私奔的美人夏姬。巫臣迷上她时，她已经人过中年。这个女人，今天还有人称她是世界上公认的“性感女神”。

除了都有一段非同常人的曲折人生经历外，这两个女人没有任何共同之处。在人性方面，处世之道方面，她们有着天地之别的反差。杜氏应该是善良、贤惠的典型东方女性，而夏姬则是追求自我、放荡不羁、纵情人生的叛逆典型。她们都按自己的理念做人行事，都没有改变自己，可最后都有了美好的归宿。这就是值得人玩味的地方。这可能会让很多女人迷茫，到底做哪一种女人好呢？

百里奚的女人应该是受尽了人间的千辛万苦。她送别丈夫时，家中已经没有什么可以吃的东西了，唯一的一只鸡也给老公送别时炖了，就连门上的木头都卸下来当了炖肉的柴火。几十年她是怎么熬过去的，没有人知道。到处给人家做保姆、打短工是有可能的。当她得知百里奚在秦国飞黄腾达时，杜氏感觉自己已没有资格靠近他了，于是想办法到他家中做了洗衣工。杜氏也是一个很有智慧的女子，做洗衣工仍无缘见到老公，她就唱歌。看来她有一副好嗓子，顺利通过了管家的审查，得到了专门为百里奚唱歌的机会。她一唱不打紧，百里奚认出了杜氏，感动得号啕大哭、泪如泉涌，一家三口从此团圆。杜氏是位有见识的女人，年轻时果断支持有才能的百里奚外出求士。她能忍耐，自己带着孩子坚强地生活；她有智慧，用歌声找回了自己的老公。这样看来，最后她成为国相夫人是修成了正果，理固宜然。而夏姬则恰恰相反，她从来没有受过人间疾苦。她出生在豪门——郑国国君家中，从小生活优裕、奢侈。因为没有什么事情可做，年方二八便青春骚动，开始和宫里面的公子们眉来眼去。终于把持不住和公子蛮好上了，风花雪月，巫山云雨，含羞的蓓蕾悄无声息地就绽放成了妩媚的青春之花。三年后，不料公子蛮死掉了。这朵已经香艳迷人的浮花浪蕊接着被插到了陈国大夫夏御叔这摊牛粪上。她为夏御叔生过一个孩子后，夏御叔就勇奔黄泉。她寡居在夏家的大庄园里，又现出了没有约束、肆无忌惮的放浪形骸。不管原因是什么，事实是，她没有真正地坚守住忠贞的爱情。她一生中至少有七八个男人。她纵情声色，曾经和陈国国君、大夫，三个

春秋，有这样两位传奇女人

男人同时寻欢，她的孩子因为她而死，也没见她有什么特别的悲伤。男人们表面嘲讽她，却居然没有人忍心惩罚她。在那时男人的眼里，她像是一只非同寻常的迷人狐狸。在楚国，夏姬又迷倒一群男人，以至于最后迷得屈巫为她舍家私奔。真是个了得的女人！重要的是，她有个出人意料的好结局。这个结局是传统中国教义的守道者们所无法容忍和不能想象的。

相反的处世之道却最终走到了同样的天堂，这大概就是殊途同归吧。然而，这就是真实的世界，这才是真正的世界。实际上，真正的世界本来就应该是丰富多彩的，多种多样的，不应该有什么固定的模式和统一的标准。如果有标准，也应该是看一个人会不会伤害他人，是不是损人利己。如果没有这方面的问题，人活在这个世间，也许应该有更宽广的选择范围。这样的世界才是包容的世界，才是平衡的世界。

很多人之所以喜欢杜氏，是由于她舍弃了很多。同时，杜氏的坚毅精神、执着态度是人类前进的伟大动力。人们不喜欢夏姬，是因为她占有的太多。简单地说，优秀的异性资源都被她抢去了，这就会让女人们群起而攻之。人们赞赏舍弃的行为，是因为它给别人留下的更多，能够给世界提供广阔的平衡空间。人们鄙视占有，是因为它会让别人失去更多，更容易破坏世界的平衡。所以，这不仅仅是道德方面的问题，更多是人性使然，也是人类发展的本能反应。

但是，世界上总有人想用一种道德观，唯一的教义，一种他认为正确的理念统治世界。像秦始皇、希特勒……他们认为这样的世界才完美，这样的人类家园才美好。所以，就企图用极端的手段把自己的愿望强加于别人。但这样恰恰使世界失去应有的平衡，使人类在一个极端和另一个极端间迷茫地，甚至恐惧地求生。

不需要刻意地颂扬，不需要极端地敌视，人类的世界在这种平衡中轻轻摆动。

2012-11-29

春秋的“微生物”

春秋是一个等级森严的社会。士以上的等级人数都比较少，属于贵族之列。士和庶人的界限是春秋贵族和百姓的分水岭。庶人以下等级的人群就可以说是春秋的“微生物”了。“微生物”的主要群体是庶人和奴隶。

那时尽管出现了百花齐放、百家争鸣的热闹局面，但“微生物”发出的声音仍然十分微弱。众多的“微生物”还不会发言、无处发言、不敢发言。春秋有文字的历史基本上都是贵族的历史。那些贵族有罪可以不受刑，也有充裕的时间和兴致讲究礼仪，他们特别在乎“刑不上大夫，礼不下庶人”。所以，看春秋的历史一定要有一个清醒的心，应当清醒地看到，贵族的幸福和自由都建立在对“微生物”的剥削和压榨上。要时刻保持自己独立的思想，不要被没落贵族的生活引向歧途，不要在贵族的地图里迷失方向。不必对贵族有太多的怜悯，真正值得同情的还是那些几乎不见经传的“微生物”。

在生活方式和生活质量上，王侯贵族和“微生物”有根本的差别。周武王把天下能分的地方都分封给了他的王侯贵族，他们的后代就理直气壮地继承下来，他们拥有领土、田产，不用劳动就可以享受最好的劳动成果。有很多仆人和百姓为他们提供食物并进行服务。他们吃的是制作精美的食物，夏天穿的是丝绸、细葛布做出的高档服装，冬天穿的是上等的毛皮衣服。他们出行坐高头大马拉的马车，一有空就可以去庄园打猎，还有人为他们酿酒，可以饮酒作乐。他们打猎既可以得到精美食物，又是一种娱乐休闲，还显示他们的身份。他们不像现在一些有身份的人，去打高尔夫或去高档会所还需要遮遮掩掩。他们很多人不在乎活多久，更在乎活得随心所欲。

而“微生物”则需要长年劳作，为生活艰辛地奔波。他们要建造自己的茅屋，防风挡雨，吃饭睡觉。要扎起篱笆或者用泥巴筑起一个高高的土院墙，防止野兽和小偷来破坏自己的生活。他们要挣钱买一头牛来养，因为那时人们发明了铁犁，有一头牛来帮助种地，可以大大增加庄稼收成，改善生活。他们必须挣钱或借贷买牛。他们播下了种子后，不久就要去地里锄草，这就他们说的“莠”，不除掉它们，庄稼就长不起来。他们经常不得不顶着烈日，冒着雨在地里拔草。如果遇到了干旱或水涝，庄稼可能颗粒无收，他们的辛勤劳动可能就打了水漂。这样，他们就只能靠找野菜、野果充饥。离山里和水边更近的百姓可以打猎、捕鱼，但那不是容易的事情。猎物和鱼多的地方是有主人的，没有主人的地方难以捕到猎物。他们的工具大多比较简陋，狡猾一点的猎物和大鱼都不好抓到。为了能够多捕一些猎物，他们要养一条狗，狗是打猎离不了的好帮手，是“微生物”亲密的朋友。不过，它们可不是宠物，它们生活在这里也很辛苦，有时也很委屈。和主人一样，它们“吃的是猪狗食，干的是牛马活”。

“微生物”很少能吃到小米、麦子等，那时还没有玉米、红薯这些高产作物。他们能吃上粗糙的大米、高粱、大豆就已经不错了。粮食不够时，他们就吃山上的野果、田里的野菜、水里的水草，他们还能打猎、捕鱼。不过，他们可不是想到哪里去弄吃的都能去哪里弄。山、水、田地都是有主人的。人们容易去到的地方被王公贵族圈走了，那是他们的天下，到那里去找吃的，弄不好等于找死。在灾难面前，“微生物”最为脆弱。诸侯国经常会出现旱涝灾害，贵族家的粮食吃不完，“微生物”已经饿殍遍野了。“庖有肥肉，厩有肥马，民有饥色，野有饿莩”[1]是一种经常出现的普遍现象，很多贵族对此熟视无睹，见怪不怪。

“微生物”除了吃，他们还要想办法解决穿的问题。夏天的时候容易凑合，冬天没有足够的衣服是过不去的。那时还没有棉花，于是他们就不得不种麻，等麻长成后，趁着炎热的夏季沤到水里。等农闲的时候，把麻捞出，把变软的麻皮剥掉，做成麻线，然后纺织成麻布衣，做成麻布鞋。他们也会用芦苇做成草鞋，在冬天里保暖。那时“微生物”还不知道做裤子，无论内衣外衣都是大衫、小衫，只有袖子，没有裤腿。在冬天里，穿上后就用带子扎起来保暖。他们还自己做些或买些动物

春秋的“微生物”

的低等皮毛衣服御寒。

农闲的时候，他们要想法做事挣点钱买生活用品。比如要买斧头、犁子，做饭用的锜、釜。他们种桑树，让女人采桑叶养蚕，然后抽出蚕丝，去卖丝挣钱，有的纺成绸、布卖钱。当然，其中的一大部分是义务为贵族做的。丝绸穿起来是很好，但百姓是没有资格穿的。价格特别昂贵只是其一，主要是礼仪法令规定庶民以下的“微生物”是没有资格使用丝绸、细葛布的。他们只能穿粗葛布、麻布衣服。他们还要做渔网、鱼笱，要编筐、编筥，要烧制陶器，要修制犁子、破损的房屋、被雨水淋坏的院墙、缝制破旧的衣服等等。劳动是“微生物”的本分。“氓之蚩蚩，抱布贸丝”，这算是还有点成就的劳动。

他们还有很重的战争负担。一旦战争发生，他们不仅要参战，还必须自带武器。他们要准备甲衣、头盔，准备长茅、弓箭、盾牌，还要准备刀具、喂战马用的草料等。如果准备不够，就会面临被处死的大刑。在《尚书》的《费誓》篇里，人们可以看到国君在战争动员时，对“微生物”的苛刻要求。在战争中，“微生物”却是打仗的主力，春秋时，战争中大将战死的不多，但士兵们大都成了炮灰。惨烈的战场上，流下的大多是“微生物”的血。战场上大夫遇到大夫或国君，有时候就可能停下来不再打了，然后还要行礼，但是对于士兵却不需要想什么仁让。春秋时，诸侯间战事相当频繁，不打仗就要筑城。被国君无休止地、无报偿地征召、服劳役、去打仗，那才是“微生物”的真正悲摧。

对于“微生物”而言，没有公平，没有自由，也常常没有生命的基本保障。每天睁开眼后，都不知道会遇到什么样的厄运。晋献公那个妖姬骊姬，为了陷害太子申生，就在给献公的食品里下毒，让谁来试毒呢？先让狗试，“与犬，犬毙”。让狗试过了还嫌不够，就让人来试，让谁来试？“与小臣，小臣亦毙”。[2]

重耳在齐国纳下的那个小妾，她的女仆们因为听到了关于重耳的秘密，就被她全部杀掉（我现在仍很迷惑，那个秘密对于重耳到底有多么大的危险）。晋灵公的厨师为他炖熊掌，因为炖的不够烂，就被他杀掉。还有齐景公的养鸟人不小心把他的鸟养飞了，就面临被杀的命运。——这就是一些春秋贵族的思想意识。自家的奴仆就可以这样像狗一样杀掉，他们的命比一条狗命贵不了多少。看来，秦穆公用五张羊皮买百里奚可能算是出价慷慨了。但这些奴仆却比狗更有作用，他们会把贵族伺候得像神仙一样舒服。在那个时代，有些贵族没有人性可言。百里奚被当作陪嫁小臣后为什么会逃？因为那时他已经是一个如同野草一样的“微生物”了。或许某一天，他也会不明不白地“被杀掉”。

一个“微生物”，一生根本没有片刻安闲，只是为了生存——这还是一个幸运者。兴，微生物苦；亡，微生物苦。不过又有什么办法呢？就连孔子那样伟大的人物，都没有想出好的办法去解放他们。

2013-05-23

注释

(1)《孟子·梁惠王上》

(2)《左传·僖公四年》

一句话点评春秋人物

季札：用心承诺，才能守信。

老子：叫我老子，是因为我能称得上老子。

孔子：能够洞穿整个世界，唯独没有看清自己。

百里奚：一个用养牛的经验来管理国家的名相，一个专家型官员。

管仲：山穷水尽疑无路，咱有老马来识途。

鲍叔牙：不讲原则很危险，别在我这儿存幻想。

晏子：不是我善辩，而是我心善。

孙叔敖：家里最值钱的一件东西叫廉洁。

子产：我的清廉靠的是家教。

介子推：人间皆势利，深山才清明。

郑庄公：形式主义我很恼，为了面子也得搞。

齐桓公：因为你（管子）敢杀我，所以我敢尊你为仲父。

宋襄公：打仗这游戏不在乎胜负，而在于讲不讲仁义。

晋文公：不敢当国君的国君才是好国君。

秦穆公：你们不要检讨了，都是任好（他自己的名字）不好。

楚庄王：三年不鸣，一鸣惊人。

吴王阖闾：南征北战英雄，小沟翻船丢命。

吴王夫差：英雄南征北战，小沟翻船再现。

勾践：说我够贱就够贱，最后会让你好看。

齐襄公：我不知道世上还有“信用”二字。

蔡昭侯：头可断，血可流，不干败楚国誓不休。

孙武：我就是为武而生的，没有白白叫这个名字。

范蠡：权不是问题，钱不是问题，舍不掉才是问题。

宁戚：唱歌不在多，有一首代表作就行，关键要唱到点子上。

曹刿：肉食者鄙，我要去吃肉。

伍子胥：报了仇，解了恨；狡兔死，走狗炖。

子路：衣冠不整死不休。

祁奚：本人晋国长青藤，花开不多不见落。

赵衰：兢兢业业尽大忠，还是落个杀君名。

苏从：敢不听我建议就骂你蠢货，管你国君不国君。

夏姬：往后五千年，你还能见到比我更有魅力的女人吗？

易牙：特级厨师的人才，权力斗争的蠢材。

宰嚭：机关算尽太聪明，最终交出了奸猾老命。

囊瓦：雁过拔毛会上瘾的，人逼急了会发狠的，群雁的力量是说不准的。

2013-02-03

春秋箴言

《老子》篇

虚其心，实其腹，弱其志，强其骨。

天地不仁，以万物为刍狗；圣人不仁，以百姓为刍狗。

天地所以能长久者，以其不自生。

上善若水，水善利万物而不争。处众人之所恶，故几于道。

夫唯不争，故无尤。

持而盈之，不如其已。

金玉满堂，莫之能守。

富贵而骄，自遗其咎。

大道废，有仁义；智慧出，有大伪。六亲不和，有孝慈；国家昏乱，有忠臣。

见素报朴，少私寡欲，绝学无忧。

孔德之容，惟道是从。

曲则全，枉则直，洼则盈，敝则新，少则多，多则惑。

不自见，故明；不自是，故彰；不自伐，故在功；不自矜，故长。

人法地，地法天，天法道，道法自然。

轻则失根，躁则失君。

知人者智，自知者明。

知足者富。

死而不亡者寿。

鱼不可脱于渊，国之利器不可以示人。

上德不德，是以有德。

贵以贱为本，高以下为基。

大音希声，大象无形，道隐无名。

道生一，一生二，二生三，三生万物。

甚爱必大费，多藏必厚亡。

知足不辱，知止不殆。

祸莫大于不知足。

圣人无常心，以百姓心为心。

善者，吾善之；不善者，吾亦善之，德善。

信者，吾信之；不信者，吾亦信之，德信。

修之于身，其德乃真。

知者不言，言者不知。

祸兮，福之所以；福兮，祸之所伏。

治大国，若烹小鲜。

合抱之木，生于毫末；九层之台，起于累土；千里之行，始于足下。

我有三宝，持而保之：一曰慈，二曰俭，三曰不敢为天下先。

天网恢恢，疏而不失。

民不畏死，奈何以死惧之？

人之生也柔弱，其死也坚强。

信言不美，美言不信。

善者不辩，辩者不善。

《论语》篇

学而时习之，不亦悦乎？有朋自远方来，不亦乐乎？

十有五而志于学，三十而立，四十而不惑，五十而知天命，六十而耳顺，七十而从心所欲，不逾矩。

温故而知新，可以为师矣。

学而不思则罔，思而不学则殆。

知之为知之，不知为不知，是知也。

君子喻于义，小人喻于利。

见贤思齐焉，见不贤而内自省也。

朽木，不可雕也，粪土之墙，不可圬也。

敏而好学，不耻下问。

知之者不如好之者，好之者不如乐之者。

学而不厌，诲人不倦。

君子成人之美，不成人之恶。

无欲速，无见小利，欲速则不达，见小利则大事不成。

君子和而不同，小人同而不和。

君子泰而不骄，小人骄而不泰。

可与言而不与之言，失人；不可与言而与之言，失言。

己所不欲，勿施于人。

巧言乱德，小不忍则乱大谋。

道不同，不相为谋。

不知命，无以为君子；不知礼，无以立也；不知言，无以知人也。

巧言令色，鲜矣仁。

不患人之不己知，患不知人也。

三人行，必有我师焉。择其善者而从之，其不善者而改之。

岁寒，然后知松柏之后凋也。

《诗经》篇

窈窕淑女，君子好逑。《关雎》

被之僮僮，夙夜在公。《采蘩》

我心匪石，不可转也。我心匪席，不可卷也。《柏舟》

死生契阔，与之成说。执子之手，与子偕老。《击鼓》

宴尔新婚，如兄如弟。《谷风》

中冓之言，不可道也。《墙有茨》

知我者，谓我心忧；不知我者，谓我何求。《黍离》

一日不见，如三秋兮。《采葛》

笾豆有践，兄弟无远。《伐木》

他山之石，可以为错。他山之石，可以攻玉。《鹤鸣》

四方有羡，我独居忧。《十月之交》

优哉游哉，聊以卒岁。《采菽》

凡百君子，各敬尔身。《雨无正》

我心忧伤，念昔先人。《小宛》

孝子不匮，永锡尔类。《既醉》

靡不有初，鲜克有终。《荡》

上帝临女，无贰尔心。《大明》

惴惴小心，如临于谷。战战兢兢，如履薄冰。《小宛》

多将熇熇，不可救药。《板》

《左传》篇

多行不义必自毙。《隐公元年》

信不由中，质无益也。明恕而行，要之以礼，虽无有质，谁能间之？《隐公三年》

不轨不物，谓之乱政。《隐公五年》

肉食者鄙，未能远谋。《庄公十年》

一鼓作气，再而衰，三而竭。《庄公十年》

风马牛不相及也。《僖公四年》

辅车相依，唇亡齿寒。《僖公二年》

黍稷非馨，明德惟馨。《僖公五年》

有德不可敌。《僖公二十七年》

因人之力而敝之，不仁；失其所与，不知；以乱易整，不武。《僖公三十年》

一日纵敌，数世之患。《僖公三十二年》

不以一眚掩大德。《僖公三十三年》

畏首畏尾，身其余几？《文公十七年》

鹿死不择音。《文公十七年》

过而能改，善莫大焉。《宣公二年》

德之休明，虽小，重也。其奸回昏乱，虽大，轻也。《宣公三年》

虽鞭之长，不及马腹。《宣公十四年》

我无尔诈，尔无我虞。《宣公十五年》

有德则乐，乐则能久。《襄公二十四年》

恕思以明德，则令名载而行之，是以远至迩安。《襄公二十四年》

像有齿以焚其身，贿也。《襄公二十四年》

其所善者，吾则行之；其所恶者，吾则改之。《襄公三十一年》

我闻忠善以损怨，不闻作威以防怨。《襄公三十一年》

度功而行，仁也；择任而往，知也；知死不辟，勇也。《昭公二十年》

树德莫如滋，去疾莫如尽。《哀公元年》

以险徼幸者，其求无餍，偏重必离。《哀公十六年》

《国语》篇

夫利，百物所生也，天地之所载也，而或专之，其害多矣。《周语 芮良夫论荣夷公专利》

临祸忘忧，是谓乐祸，祸必及之。《周语·郑厉公与虢叔杀子》

改玉改行。《周语》

天道赏善而罚淫。《周语·单襄公论陈必亡》

以恭给事则宽于死，以俭足用则远于忧。《周语·刘康公论》

兵在其颈。《周语》

兽恶其网，民恶其上。《周语》

民所欲之，天必从之。《尚书·太誓》

无过乱人之门。《周语》

佐饔者尝焉，佐斗者伤焉。《周语》

出令不信，刑政放纷。《周语·单穆公谏景王》

众心成城，众口铄金。《周语》

天之所支，不可坏也。其所坏，亦不可支也。《周语》

从善如登，从恶如崩。《周语》

不厚其栋，不能任重。《鲁语·子叔伯辞邑》

藏罟不如罟里革于侧之不忘也。《鲁语·里革断宣公罟而弃之》

有货，以卫身也。出货可以免，子何爱焉？《鲁语·叔孙穆子不以货私免》

君子能劳，后世有继。《鲁语》

民生于三，事之如一。《晋语》

有男戎必有女戎。《晋语》

嗛嗛之德，不足就也，不可以矜，而祗取忧也。嗛嗛之食，不足狃也，不能为膏，而祗罹咎也。《晋语》

诫莫如豫，豫而后给。《晋语》

仁不怨君，智不重困，勇不逃死。《晋语二》

坚树在始，始不固本，终必槁落。《晋语二》

唯厚德者能受多福。《晋语六》

唯圣人能无外患又无内忧。《晋语六》

天道无亲，唯德是授。《晋语六》

无德而福隆，犹无基而厚墉也，其坏也无日矣。《晋语六》

武人不乱，智人不诈，仁人不党。《晋语六》

择臣莫若君，择子莫若父。《晋语七》

无功庸者，不敢居高位。《晋语七》

行权隐于私，则政不行。《晋语七》

忠不可暴，信不可犯。《晋语八》

善人在患，弗救不祥；恶人在位，不去不祥。《晋语八》

君子哀无人，不哀无贿；哀无德，不哀无宠；哀名不令，不哀年之不登。《晋语九》

德不纯而福禄并至，谓之幸。《晋语九》

高山峻原，不生草木。松柏之地，其土不肥。《晋语九》

天道盈而不溢，盛而不骄，劳而不矜其功。《越语》

时不至，不可强生；事不究，不可强成。《越语》

自若以处，以度天下。《越语》

待其来者而正之，因时之所宜而定之。《越语》

《大学》篇

大学之道，在明明德。（第一章）

知止而后有定，定而后能静，静而后能安，安而后能虑，虑而后能得。（第一章）

物有本末，事有始终。（第一章）

知所先后，则近道矣。（第一章）

致知在格物。（第一章）

苟日新，日日新，又日新。（第三章）

道盛德至善。（第四章）

富润屋，德润身，心广体胖。（第七章）

心不在焉，视而不见，听而不闻。（第八章）

《中庸》篇

宽柔以教，不报无道。（第十章）

施诸己不愿，亦勿施于人。（第十三章）

在上位，不陵下；在下位，不援上。（第十四章）

正己而不求于人，则无怨。（第十四章）

上不怨天，下不尤人。（第十四章）

大德必得其位，必得其禄，必得其名，必得其寿。（第十七章）

人道敏政，地道敏树。（第二十章）

其人存，则其政举；其人亡，则其政息。（第二十章）

凡事豫则立，不豫则废。（第二十章）

言前定则不跲，事前定则不困，行前定则不疚，道前定则不穷。（第二十章）

博学之，审问之，慎思之，明辨之，笃行之。（第二十章）

温故而知新。（第二十七章）

《管子》篇

士不厌学，故能成其圣。《形势》

惰而侈则贫，力而俭则富。《形势》

钓名之士，无贤士焉。《法法》

伐矜好专，举事之祸也。《形势》

朝忘其事，夕失其功。《形势》

事者，生于虑，成于务，失于傲。《乘马》

多言而不当，不如其寡也。《戒》

志毋虚邪，行必正直。《弟子职》

道德当身，不以物惑。《戒》

务为不久，盖虚不长。《小称》

微邪，大邪之所生也。《权修》

邪气袭内，正色乃衰。《形势》

誉不空出，而患不独生。《禁藏》

不作无补之功，不为无益之事。《禁藏》

利之所在，虽千仞之山，无所不上。《禁藏》

善用兵着无沟垒而有耳目。《制分》

不言之言，闻于雷鼓。《心术下》

今日不为，明日亡货。《乘马》

昔之日已往而不来矣。《乘马》

不为不可成，不求不可得；不处不可久，不行不可复。《牧民》

福不择家，祸不索人。《禁藏》

一年之计，莫如树谷：十年之计，莫如树木；终身之计，莫如树人。《权修》

海不辞水，故能成其大；山不辞土石，故能成其高；明主不厌人，故能成其众；士不厌学，故能成其圣。《形势》

仓廪实而知礼节，衣食足而知荣辱。《牧民》

凡治国之道，必先富民。《治国》

政之所兴，在顺民心；政之所废，在逆民心。《牧民》

一言得而天下服，一言定而天下听，公之谓也。《内业》

小谨者不大立，訾食者不肥体。《形势》

不能知人，害霸也；知而不能任，害霸也；任而不能信，害霸也；既信而又使小人参之，害霸也。《霸言》

闻贤而不举，殆；闻善而不索，殆；见健而不使，殆。《法法》

事将为，其赏罚之数必先明之。《立政》

罚避亲贵，不可使主兵。《立政》

独王之国，劳而多祸。《形势》

上下不和，令乃不行。《形势》

众寡同力，则战可以必胜，而守可以必固。《重令》

言不得过实，实不得延名。《心术上》

量力而知攻。《霸言》

治国常富，而乱国必贫。《治国》

利莫大于治. 害莫大于乱。《正世》

天下不患无财，患无人以分之。《牧民》

千里之路，不可扶以绳；万家之都，不可平以准。言大人之行，不必以先帝常，义立之谓贤。《宙合》

疑今者察之古，不知来者视之往．万事之生也，异趣而同归，古今一也。《形势》

观其交游，则其贤、不肖可察也。《权修》

骄倨傲暴之人不可与交。《白心》

善气迎人，亲如弟兄；恶气迎人，害于戈兵。《心术下》

善人者，人亦善之。《霸形》

圣人能辅时，不能违时。智者善谋，不如当时。《霸言》

天道之数，至则反，盛则衰。《重令》

凡用兵者，攻坚则轫，乘瑕则神。《制分》

凡将举事，令必先出。《立政》

令则行，禁则止，宪之所及，俗之所被。《立政》

礼义廉耻，国之四维，四维不张，国乃灭亡。《牧民》

俭则伤事，侈则伤货。《乘马》

黄金者用之量也，辨于黄金之理则知侈俭，知岱侈俭则百用节矣。《乘马》

起居时，饮食节，寒暑适，则身利而寿命益。《形势》

忧郁生疾，疾困乃死。《内业》

爱欲静之，遇乱正之，勿引勿摧，福将自归。《内业》

知子莫若父。《大匡》

本书主要故事资料来源

《春秋》

《左传》

《史记》

《诗经》

《老子》

《论语》

《尚书》

《国语》

《管子》

《周易》

《墨子》

《礼记 孝经》

《尔雅》

《大学 中庸》

《晏子春秋》

《孟子》

《吕氏春秋》

《东周列国志》

《春秋史》童书业著

《先秦社稷研究》魏建震著

《春秋战国文化史》吕文郁著

《春秋阙疑》 郑玉著

《越绝书译注》张仲清著

《清代前期春秋学研究》文廷海著

《吴越春秋校注》张觉校注

《周代的采邑制度》吕文郁著

《春秋经传研究》刘黎明著

《故宫藏先秦青铜器》丁孟编著

后 记

关于“春秋”名字的来历，古代历史学家大多认为：历史是由一系列事件组成的，事件的起因相当于春播，事件的结果相当于秋收，所以中国古代学者倾向于把历史叫做“春秋”。在中国上古时期，春季和秋季是诸侯朝聘王室的时节。另外，春秋在古代也代表一年四季。而史书记载的都是一年四季中发生的大事，因此“春秋”又可以认为是史书的统称。这里我觉得，值得玩味的是这两个字的字谜。如果把这两个字重新拆分，把两个字的偏旁部首放在一起，就形成了一个“秦”字。而剩下的部分是“日”和“火”，如果合在一起，就成为“炅”字。拆分两个字只是玩笑，并不刻意指它暗示秦国将日渐强盛、直至统一中国。

春秋这二三百年时间，给人的一个突出感觉就是“乱”。

当时流行的价值观好像就是：有权不使，过期作废。这个时代的国君、大夫一个比一个现实、短视。他们没有什么社会责任意识，认为权力就是用来享受的。权力一旦拥有，真是别无所求。挥霍权力、穷奢极欲、得过且过、骄奢淫逸随处可见。饮酒、打猎、淫荡是生活的主要部分。而没有权力者，大多什么都没有，只有陪着看的份儿，有时候连生活都成问题。同是兄弟，得势者与无势者就有极大的反差，有权力就有了一切，没有权力什么都没有。齐桓公在春秋时期算是看得比较长远的了，但也追求淫荡奢侈的生活，比他爹齐襄公稍微好一点的是：他能放手，让他的手下为社会发展尽职尽责。

管理与被管理者在地位、财富上的天地之差就造成了人们对权力的拼命追逐。为了得到权力进而得到巨大的现实利益，冒生命危险是值得的。所以权力如同坐在火山口、风浪尖。

暴力杀戮随处可见。杀人就是解决问题最常用的办法。国君杀国君不用怎么考虑。齐襄公杀鲁桓公，只是为想和他的同父异母的妹妹文姜能自由通奸。因为文姜已经嫁给了桓公，桓公发现了他们的秘密。大夫杀国君，有点理由就可以。南宫长万是宋闵公的大夫，一个武士，因为被鲁国俘虏，后来就成了宋闵公的笑柄。宋闵公经常在公众场所讥笑他。南宫长万一次次忍无可忍，干脆就打死了国君。再说齐襄公，那种淫荡又随意杀人家国君的恶行被他手下看不顺了。连称、管至父两个大夫一商量就把他杀了。然后扶持公孙无知继位。公孙无知上位名不正言不顺，不久就被另一些大夫们干掉。国君杀臣子，杀百姓更是随心所欲，不需要什么章法理由。鲁庄公打猎时，听见两个乡民说了他一句难听话，就派人把他们追杀了。南宫长万因为杀了国君，罪更大，新国君宋桓公就把他剁成了肉泥，做成汤让大夫们喝。活人陪葬还有市场。秦穆公死后，就有170多活人陪葬。发动战争如同儿戏。因为一件小事，比如一件皮衣，国君和几个人一商量，就可以发动战争。

春秋这个时代，正是社会从奴隶制向封建制转变的时代。奴隶制度正在走向衰落。中央集权的衰落使一些过去世袭的贵族失去了权势和财富，那些被神化的君主在下层人心中已经失去了很多神秘的光环。在争夺权力和财富的血战中，一些作战勇敢或有才识的下层人走进了社会上层。而社会上还没有出现相应的有效规范人们行为的制度，仅靠过去的道德标准指导约束人们的行为已经没有多大效力。这应该是社会混乱的根源。

乱世出英雄，国乱有忠臣。正是由于社会混乱，才诞生了众多的英雄和忠廉人物，使得这个时段的历史显得五彩缤纷、光彩照人。百里奚、季札、管仲、晏子、孙叔敖、子产、伍子胥、孙武、春秋五霸等众多的英雄豪杰、非凡君子才成批呈现。

同时，也正是因为繁杂的等级、森严的周礼几近荒废，众生迷茫、人心思变，中国才第一次涌出了一大批伟大的思想家。老子、孔子、墨子、管子、孙子等思想巨人得以齐刷刷地走上中国文化思想的历史舞台，让中国的思想文化一夜之间生出了众多异常华美的奇葩。

另一方面，尽管变化很大，但春秋的权力格局、政治秩序并没有发生根本的改变。贵族世袭、家族统治的性质没有发生变化。维护这种等级制度仍是压倒性的主导思想。由于种种因

素，人们在迷茫困惑中并没有找到新的能够领导中国世界变革的主流思想。后来，热烈而伟大的百家争鸣终于被强大的传统思想打倒了。一段浪花四溅的激流过后，又成了死水一潭。

不管如何，那些华美的奇葩，那些英雄的风采，那些模范的道德，已经风流了中国的历史，已经照亮了天下大道。无法拒绝，不能无视，那些遗产已经成为当今中国人生命的一部分。

非“礼”春秋，让我们看到了真实多样的中国人，看到了可爱可气的中华先辈们，并为几千年之后人性的不变而感慨。

非“礼”春秋，让我们想到的是不破不立。试想，如果没有春秋的非礼，会出现为实现社会有序而到处奔波的孔子吗？会出现数千年屹立不倒的道家思想老子吗？不管是春秋（诸侯）非了周礼，还是思想家们非礼了春秋，对于中华民族来说，都是一件值得庆贺的事情。

吴工平

2013-10-20

春秋各国国君世系表

晋国

晋文侯	姬仇	公元前780年—公元前746年
晋昭侯	姬伯	公元前745年—公元前740年
晋孝侯	姬平	公元前739年—公元前724年
晋鄂侯	姬郤	公元前723年—公元前718年
晋哀侯	姬光	公元前717年—公元前709年
晋小子侯	姬小子	公元前708年—公元前705年
晋侯缗侯	姬缗	公元前704年—公元前678年
晋武公	姬称	公元前677年
晋献公	姬诡诸	公元前676年—公元前651年
晋惠公	姬夷吾	公元前650年—公元前637年
晋怀公	姬圉	公元前637年
晋文公	姬重耳	公元前636年—公元前628年

晋襄公	姬欢	公元前627年—公元前621年
晋灵公	姬夷皋	公元前620年—公元前607年
晋成公	姬黑臀	公元前606年—公元前600年
晋景公	姬据	公元前599年—公元前581年
晋厉公	姬寿曼	公元前580年—公元前573年
晋悼公	姬周	公元前572年—公元前558年
晋平公	姬彪	公元前557年—公元前532年
晋昭公	姬夷	公元前531年—公元前526年
晋顷公	姬弃疾	公元前525年—公元前512年
晋定公	姬午	公元前511年—公元前475年
晋出公	姬凿	公元前474年—公元前452年

秦国

秦襄公	嬴开	公元前777年—公元前766年
秦文公		公元前765年—公元前716年
秦宪公	嬴立	公元前715年—公元前704年
秦出子		公元前703年—公元前698年
秦武公		公元前697年—公元前678年
秦德公		公元前677年—公元前676年
秦宣公		公元前675年—公元前664年
秦成公		公元前663年—公元前660年
秦穆公	嬴任好	公元前659年—公元前621年
秦康公	嬴罃	公元前620年—公元前609年

秦共公	嬴貑	公元前608年—公元前604年
秦桓公	嬴荣	公元前603年—公元前577年
秦景公	嬴石	公元前576年—公元前537年
秦哀公		公元前536年—公元前501年
秦惠公		公元前500年—公元前491年
秦悼公		公元前490年—公元前477年

楚国

楚若敖	熊仪	公元前790年—公元前764年
楚霄敖	熊坎	公元前763年—公元前758年
楚蚡冒	熊眴	公元前757年—公元前741年
楚武王	熊通	公元前740年—公元前690年
楚文王	熊赀	公元前689年—公元前675年
楚杜敖	熊艰	公元前674年—公元前672年
楚成王	熊恽	公元前671年—公元前626年
楚穆王	熊商臣	公元前625年—公元前614年
楚庄王	熊侣	公元前613年—公元前591年
楚共王	熊审	公元前590年—公元前560年
楚康王	熊招	公元前559年—公元前545年
楚郏敖	熊员	公元前544年—公元前541年
楚灵王	熊围	公元前540年—公元前529年
楚平王	熊居	公元前528年—公元前516年
楚昭王	熊珍	公元前515年—公元前489年

齐国

齐前庄公	姜购	公元前794年—公元前731年
齐釐公	姜禄甫	公元前730年—公元前698年
齐襄公	姜诸儿	公元前697年—公元前686年
齐前废公	姜无知	公元前686年
齐桓公	姜小白	公元前685年—公元前643年
齐中废公	姜无诡	公元前643年
齐孝公	姜昭	公元前642年—公元前633年
齐昭公	姜潘	公元前632年—公元前613年
齐后废公	姜舍	公元前613年
齐懿公	姜商人	公元前612年—公元前609年
齐惠公	姜元	公元前608年—公元前599年
齐顷公	姜无野	公元前598年—公元前582年
齐灵公	姜环	公元前581年—公元前554年
齐后庄公	姜光	公元前553年—公元前548年
齐景公	姜杵臼	公元前547年—公元前490年
齐晏孺子	姜荼	公元前489年
齐悼公	姜阳生	公元前488年—公元前485年
齐简公	姜壬	公元前484年—公元前481年
齐平公	姜骜	公元前480年

鲁国

鲁惠公	姬弗湦	公元前768年—公元前723年
鲁隐公	姬息姑	公元前722年—公元前712年
鲁桓公	姬允	公元前711年—公元前694年
鲁庄公	姬同	公元前693年—公元前662年
鲁闵公	姬启	公元前661年—公元前660年
鲁釐公	姬申	公元前659年—公元前627年
鲁文公	姬兴	公元前626年—公元前609年
鲁宣公	姬馁	公元前608年—公元前591年
鲁成公	姬黑肱	公元前590年—公元前573年
鲁襄公	姬午	公元前572年—公元前542年
——	姬野	公元前542年
鲁昭公	姬稠	公元前541年—公元前510年
鲁定公	姬宋	公元前509年—公元前495年
鲁哀公	姬将	公元前494年—公元前468年

宋国

宋武公	子司空	公元前765年—公元前748年
宋宣公	子力	公元前747年—公元前729年
宋穆公	子和	公元前728年—公元前720年
宋殇公	子与夷	公元前719年—公元前711年

宋庄公	子冯	公元前710年—公元前692年
宋后湣公	子捷	公元前691年—公元前682年
宋前废公	子游	公元前682年
宋桓公	子御说	公元前681年—公元前651年
宋襄公	子兹甫	公元前650年—公元前637年
宋成公	子王臣	公元前636年—公元前620年
宋后废公	子御	公元前620年
宋前昭公	子杵臼	公元前619年—公元前611年
宋文公	子鲍革	公元前610年—公元前589年
宋共公	子瑕	公元前588年—公元前576年
宋平公	子成	公元前575年—公元前532年
宋元公	子佐	公元前531年—公元前517年
宋景公	子头曼	公元前516年—公元前469年

郑国

郑武公	姬掘突	？—公元前744年
郑庄公	姬寤生	公元前743年—公元前701年
郑昭公	姬忽	公元前700年 公元前696年—公元前695年
郑厉公	姬突	公元前699年—公元前697年 公元前679年—公元前673年
郑子亹	姬亹	公元前694年

郑子婴	姬婴	公元前693年—公元前680年
郑文公	姬踕	公元前672年—公元前628年
郑穆公	姬子兰	公元前627年—公元前606年
郑灵公	姬子夷	公元前605年
郑襄公	姬子坚	公元前604年—公元前587年
郑悼公	姬沸	公元前586年—公元前585年
郑成公	姬睔	公元前584年—公元前571年
郑釐公	姬恽	公元前570年—公元前566年
郑简公	姬嘉	公元前565年—公元前530年
郑定公	姬宁	公元前529年—公元前514年
郑献公	姬虿	公元前513年—公元前501年
郑声公	姬胜	公元前500年—公元前463年
郑哀公	姬易	公元前462年—公元前455年

蔡国

蔡共侯	姬兴	公元前760年
蔡戴侯		公元前759年—公元前750年
蔡宣侯	姬措父	公元前749年—公元前715年
蔡桓侯	姬封人	公元前714年—公元前695年
蔡哀侯	姬献舞	公元前694年—公元前675年
蔡穆侯	姬肸	公元前674年—公元前646年
蔡庄侯	姬甲午	公元前645年—公元前612年
蔡文侯	姬申	公元前611年—公元前592年

蔡景侯	姬固	公元前591年—公元前543年
蔡灵侯	姬般	公元前542年—公元前531年
蔡平侯	姬庐	公元前530年—公元前522年
蔡悼侯	姬东国	公元前521年—公元前519年
蔡昭侯	姬申	公元前518年—公元前491年
蔡成侯	姬朔	公元前490年—公元前472年
蔡声侯	姬产	公元前471年—公元前457年

陈国

陈平公	妫燮	公元前777年—公元前755年
陈文公	妫圉	公元前754年—公元前745年
陈桓公	妫鲍	公元前744年—公元前707年
陈废公	妫佗	公元前707年
陈厉公	妫跃	公元前706年—公元前700年
陈庄公	妫林	公元前699年—公元前693年
陈宣公	妫杵臼	公元前692年—公元前648年
陈穆公	妫款	公元前647年—公元前632年
陈共公	妫朔	公元前631年—公元前614年
陈灵公	妫平国	公元前613年—公元前599年
陈成公	妫午	公元前598年—公元前569年
陈哀公	妫弱	公元前568年—公元前534年
陈君留	妫留	公元前534年
陈君弃疾	熊弃疾	公元前533年—公元前529年

陈惠公	妫吴	公元前529年—公元前506年
陈怀公	妫柳	公元前505年—公元前502年
陈湣公	妫越	公元前501年—公元前479年

吴国

——	吴夷吾	公元前794年—公元前762年
——	吴禽处	公元前761年—公元前723年
——	吴转	公元前722年—公元前682年
——	吴颇高	公元前681年—公元前672年
——	吴句卑	公元前671年—公元前622年
——	吴去齐	公元前621年—公元前586年
吴兴王	吴寿梦	公元前585年—公元前561年
吴顺王	吴诸樊	公元前560年—公元前548年
吴安王	吴余祭	公元前547年—公元前544年
吴度王	吴余昧	公元前543年—公元前527年
吴武王	吴僚	公元前526年—公元前515年
吴道王	吴阖闾	公元前514年—公元前496年
吴末王	吴夫差	公元前495年—公元前473年

越国

越侯	无壬	公元前621年—公元前591年
越侯	无译	公元前590年—公元前565年
越侯	夫谭	公元前564年—公元前538年
越王	允常	公元前537年—公元前497年
越王	勾践	公元前496年—公元前464年
越王	鹿郢	公元前463年—公元前458年

卫国

武公	姬和	公元前821年—公元前767年
庄公	姬扬	公元前766年—公元前744年
桓公	姬完	公元前743年—公元前728年
郑公	姬州吁	公元前727年
宣公	姬晋	公元前726年—公元前708年
惠公		公元前707年—公元前704年
	姬朔	公元前695年—公元前669年
卫侯	姬黔牟	公元前703年—公元前696年
懿公	姬赤	公元前668年—公元前660年
戴公	姬申	公元前660年
文公	姬毁	公元前659年—公元前635年
成公	姬郑	公元前634年—公元前632年
		公元前629年—公元前595年

卫君	姬瑕	公元前631年—公元前630年
穆公	姬速　姬遬	公元前594年—公元前584年
定公	姬臧	公元前583年—公元前572年
献公	姬衎	公元前576年—公元前559年
殇公	姬秋　姬狄	公元前559年—公元前548年
襄公	姬恶　姬仪	公元前544年—公元前536年
灵公	姬元	公元前535年—公元前494年
出公	姬辄	公元前493年—公元前482年
		公元前477年—公元前469年
庄公	姬蒯聩	公元前481年—公元前479年
卫君	姬斑师	公元前479年
卫君	姬起	公元前478年

春秋列国地图

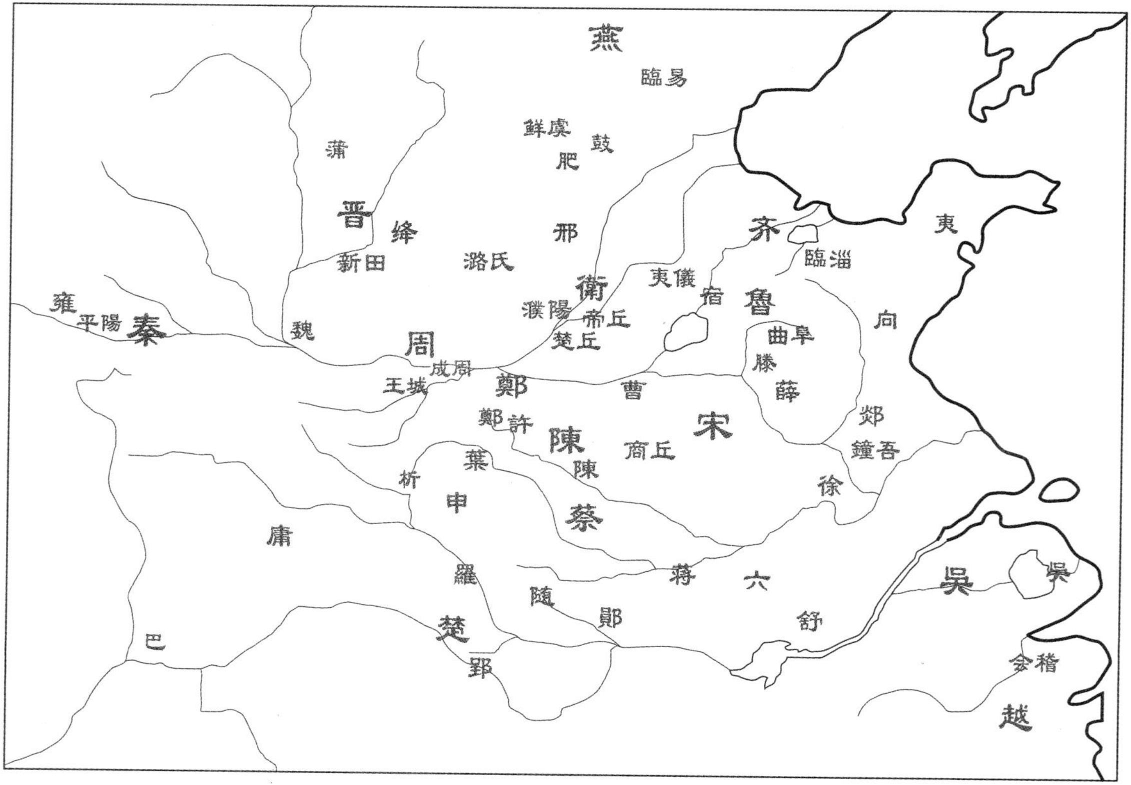

燕
臨易
鮮虞
鼓
肥
蒲
晋
绛
新田
邢
潞氏
齐
臨淄
夷
衛
夷儀
宿
魯
雍
平陽
秦
魏
濮陽
帝丘
楚丘
周
成周
王城
曲阜
向
滕
薛
鄭
曹
鄭
許
陳
宋
商丘
郯
鍾吾
葉
陳
析
申
蔡
徐
庸
羅
蔣
六
吴
吴
随
鄖
舒
巴
楚
郢
会稽
越